권모술수

동양 고전에서 인생의 길을 묻다

권모술수

| 송건호 옮김 |

북팜

책 머리에

현대는 과밀 경쟁에 의한 냉혈시대다. 현실의 모든 부면에서 치열한 생존경쟁의 비정(非情) 속에 놓여 있다. '왕도(王道)'와 '신화(神話)'의 이상이 지배했던 조용한 질서는 이제 붕괴되고 말았다. 권모와 기만과 불신이 소용돌이치는 '냉혈기'가 바로 오늘이다.

그러니까 사람은 노력하는 것만으로는 성공하지 못한다. 인기가 있고 재능이 있어도 출세하지 못한다. 그뿐 아니라 아이디어와 창의력이 풍성하고 선견지명이 있어도 반드시 삶을 완수하지 못한다.

그러면 성공을 거두고 명성을 날리는 자들은 대관절 어떤 인물이며, 그들의 성공 비결은 어디에 있었는가? 그들은 상황에 발맞춰 움직이었다. 그리하여 그들은 치부와 영광의 길을 얻었다.

오늘날과 같은 경쟁사회는 약육강식의 무대이며, 권모가들이 암약하는 풍토이기도 하다. 그들은 권모술수로써 불안과 불신으로 가득찬 사회를 유영(遊泳)하고 있다.

생존경쟁의 술법이 권모술수다. 이것은 냉혈시대를 완전히 냉엄하게 살아가는 사고(思考)이며 기법이다.

인생의 승부장에서, 적어도 '권모'와 '술수'를 투시할 수 있을 때,

내 인생의 실패를 미연에 방지하고 역전(逆轉)의 기회를 포착할 수 있는 법이다. 권모술수는 병법과 마찬가지로 적과 대결하기 위한 기법이지만, 가장 큰 차이는 병법과는 달리 어떻게 대결하느냐가 아니라 어떻게 정면대결을 피하느냐에 있다. 권모와 술수는 대결의 극상이 아니다. 직접의 대결이 아니라 슬기의 대결이다. 싸우지 않고 나의 이점을 찾아내는 방법이다.

권모와 술수를 이해하는 것은 인간 그 자체를 아는 것과 마찬가지다. 권모술수는 정치투쟁의 무기이며 기업경영의 전략이며 샐러리맨의 입신출세술이다. 그뿐 아니다. 폭넓은 인간조종의 기법으로도 이용될 수 있다.

이 책은 방대한 중국의 고전을 종횡으로 구사하여 난세를 살아온 고대중국인의 지혜와 행동력을 현대라는 시점에 맞추어 소생시켰다.

혼미와 불신의 시대에 불확실한 정보로서는 살 수 없다. 바야흐로 인간의 원점(原點)을 응시하는 철학이 필요하다.

인간공방의 '비밀병기'로서 이 책을 독자 여러분에게 제공하는 바이다.

차 례

제3장 선견선수의 술책

제4장 사람을 움직이는 병법

제5장 일석이조의 비모

제6장 인심을 낚는 술책

제7장 심리 농간의 기만술

제8장 이익으로 움직이는 계책

제9장 적의 허를 찌르는 기모

제10장 역모를 쓰는 술책

제11장 연막전술과 도회술

제12장 전면위장의 전법

제13장 중상의 기법과 그 대응책

제1장

부전승의 지모

예부터 '싸우지 않고 이긴다'는 것을 승부의 가장 이상적 형태로 여겨져 왔다.

병법의 대가인 손자는 이것을 강조했다.

"백전백승은 최고로 뛰어난 싸움이 아니다. 싸우지 않고 적병을 굴복시키는 일이야말로 가장 뛰어난 것이다. 그러니까 최상의 싸움은 적을 책략으로 타파하는 것, 그 다음에는 적을 이간시키는 것, 그리고 실전을 전개하는 것이다."

같은 병법의 대가인 오자도 이와 비슷하게 말했다.

"여러 번 이겨서 천하를 얻는 자는 적고 멸망하는 자가 많다."

또 태공망의 편찬으로 알려진 옛 병서 《육도·삼략》에도 '전승은 싸우지 않으면 대병은 상처가 없다'는 말을 강조하고 있다. 다소 뉘앙스의 상이는 있더라도 싸우지 않고 이기는 것을 싸움의 이상형으로 삼고 있는 것은 변함이 없다.

백전백승보다도 싸우지 않고 이기는 것이 이상적이라는 것은 적이

백 회나 대참패를 당하고 재기불능이 되었다손 치더라도 백전백승한 쪽도 그에 상당한 손상을 입기 때문이다. 하물며 대참패를 당한 적으로부터는 하등 얻을 것이 없다. 오히려 격돌을 피하여 전력을 손상시키지 않고, 목적으로 하는 이익을 수중에 넣어 또 어부의 이를 제3자에게 주지 않는다는 점에서도 싸우지 않고 이기는 것이 최선의 길이다.

그러므로 사투나 대난투를 벌이는 것은 어디까지나 최후의 부득이한 상황에만 요구된다. 크게 싸움으로써 적의 숨통을 끊어 놓기보다도, 음모를 가지고 싸우지 않고 적의 이면을 쳐서 적의 내외관계를 이간시켜 반격력을 상실케 하는 것이 선결요건이다.

싸우지 않고 이긴다는 것은 물리적인 힘의 대결을 피하고 음모로써 승부를 거는 싸움이다. 병학과 음모학과의 최대 차이는 '여하히 대결을 하는가'와 '어떻게 대결을 피하는가'의 차이에 있다.

그럼 싸우지 않고 이기려면 어떤 술수가 필요한가?

힘으로 져도 두뇌를 이긴다

權謀術數

제나라의 환공이 노나라를 공격했다. 노나라의 장군 조말은 세 번 싸워서 세 번 패했다.

노나라의 장공은 싸움을 두려워하여 수읍을 헌납하고 정전을 청하였다. 환공은 이를 받아들이고 노나라와 가—지금의 산동성—라는 곳에서 회합을 가졌다. 노나라의 장공이 상대방에게 막상 서약을 하려는 순간 조말은 단검을 품고 단상으로 올라가서 환공을 위협했다.

"제나라는 강하고 노나라는 약하다고 하지만 귀국이 노나라를 치는 것은 무례한 짓이오. 가령 노나라의 성벽이 무너지면 그 돌기와는 제나라의 국경으로 쏟아질 것입니다. 그래서는 귀국에게도 이롭지는 않을 것입니다. 그점을 깊이 성찰해 주시기를 바라오."

환공은 그 뜻을 받아들이고 칼을 내민 행동을 용서하였다. 그리고 "노나라로부터 빼앗은 땅을 모두 돌려주겠다"고 말했다.

그러자 조말은 단검을 버리고 아무 일도 없었다는 듯이 태연하게 군신의 자리로 되돌아갔다.

일단 위기 모면을 위해서 약속은 했으나 그 태도의 불손함을 보고 환공은 노여움에 조말을 죽이려 하였다. 그러나 재상인 관중이 이를 만류하였다.

"그것은 안됩니다. 소리에 일시의 자기 만족을 취한다면 제후 사이의 신의를 상실하고 천하의 사람들로부터 지원을 얻지 못할 것이오. 약속은 지켜야 합니다."

환공은, 조말이 세 번 싸워서 잃어버린 땅을 모조리 노나라로 반환해 주었다.

제후는 이 소식을 듣자 제나라를 믿고 제나라와 화의하기를 청하였다 하여 환공은 제후와 견—지금의 산동성—이라는 곳에서 회맹을 갖게 되었다. 이리하여 환공은 춘추시대의 최초의 패자로 군림했다.

말하자면 조말은 전장에서 잃은 것을 회의장소에서 되찾았다. 환공은 노나라에 영토를 반환함으로써 천하에 신용을 팔아서 패권을 이루었다. 쌍방이 모두 싸우지 않고 이긴 셈이다. 대개 약자는 알맹이를 구하고, 강자는 명분을 얻었을 경우에 강자에게는 그 이름을 파는 것으로 하여금 더 많은 실속이 굴러 들어오는 법이다.

강자의 경우, 싸우지 않고 약자에게 이기는 것은 그다지 어려운 일이 아니다. 강대한 힘을 배경으로 적을 위협하고, 혹은 제3자를 '미끼'로 삼고 재물을 삼는다면 약자를 굴복시키는 것은 식은 죽 먹기와 같다.

그러나 힘이 비등할 경우, 혹은 약자가 강자에게 싸우지 않고 이기려면 음모학의 수득이 필요하다. 술수를 이용하여 조말이 한 것처럼 '허점'을 노리고 칼을 품고 적왕에게로 덤벼들어 생사를 각오하고, 설득을 하는 방법이 그것이다. 혹은 인질을 술수로 유도하여 강적의 목을 노리는 수도 있다. 때로는 적이 힘을 믿고 침공해 와도 결과적으로는 백해가 있을 뿐 하나의 이점도 없다는 것을 납득시킨다.

그밖에 다른 강자를 움직이게 하여 적을 치고 보무도 당당히 견제하거나 남에게 책임을 전가시킨다. 그리하여 적의 내부를 이간시키고, 적의 동지까지도 대결을 사수하면 싸우지 않고 승리의 열매를 거둘 수 있다.

二

세 치의 혀로써 말아버린다

權謀術數

연나라의 문후가 죽은 후, 태자가 즉위하여 역왕으로 부르게 되었을 때다. 연나라의 이 상중의 틈을 타고 제나라의 선왕은 대군을 이끌고 연나라를 침공하여 열 곳의 성을 빼앗았다.

역왕은 이 소식을 듣자 곧 소진을 불러서 유쾌하지 않은 표정으로 따지고 물었다.

"지난 해에 선생이 우리 연나라에 왔을 적에 망부께서는 차마를 갖추어서 조나라로 보냈습니다. 그 덕분으로 6개국 합종의 맹약이 이루어졌습니다. 그런데 제나라는 그 맹약을 깨뜨리고 전에는 조나라를 공격하더니 이번에는 우리 연나라로 침입하였습니다. 이대로 있으면 우리 연나라는 천하의 웃음거리가 될 것입니다. 그 동기를 만든 것은 선생이오니 부디 제나라로 가서 빼앗은 땅을 돌려주도록 해주십시오."

"임금께서 그렇게 말씀하시니 어디 한번 해드리도록 하겠습니다."

소진은 제나라로 갔다. 그리고 임금을 알현하자 먼저 절을 두 번 하고 축하를 드린 다음에 이번에는 머리를 들고 조의를 표하였다.

"축하를 말하더니 당장에 이것은 어떻게 된 영문이오. 조의를 표하다니……."

선왕은 이상한 표정을 지었다. 소진은 자세를 가다듬고 이야기를 이었다.

"이런 얘기를 들은 적이 있습니다. 아사 직전의 사람이라도 독초인 오훼만은 먹지 않는다고 합니다. 먹을수록 죽음을 더 재촉하기 때문입니다. 그런데 현재의 연나라는 약소국입니다만 연왕은 진왕의 선위가 됩니다. 그 연나라의 성을 열이나 빼앗으니 귀국과 강대국 진나라와의 관계는 금후 원수지간이 되겠습니다. 약소국 연나라의 머리를 억누른 것이 원인이 되어 진나라가 연나라의 뒤를 보아서 천하의 강병을 제나라로 침공시킨다면 어떻게 되겠습니까. 그야말로 오훼를 먹는 것과 다름이 없을 것입니다."

"그럼 어떻게 하면 좋소?"

안색이 달라진 선왕은 물었다.

소진은 기회를 놓치지 않고 말하였다.

"옛부터 성공하는 자는 화를 복으로 봐주고, 실패를 거울삼아 성공을 이룩한다고 했습니다. 빼앗은 10개 성을 곧 연나라로 돌려주는 것이 상책일까 합니다. 또 밖에 빼앗긴 성이 반환되면 연나라도 기뻐할 것입니다. 또 진왕도 진의 국위를 두려워한 나머지의 처사로 생각하고 역시 기뻐할 것입니다. '구원을 씻고 친교를 맺는 것'은 바로 이 경우를 말하는 것이 아니겠습니까. 이번 기회에 연과 진 양국이 제와 친교를 맺는다면 다른 제후도 왕의 뜻대로 될 것입니다. 왕은 말로는 진과 접촉하면서 이 10개 성을 미끼로 하여 천하를 취하게 될 것이니 이야말로 패왕의 업적에 비유할 것입니다."

왕은 그럴 듯하다고 고개를 끄덕이고 오히려 기뻐하면서 연나라에 10개 성을 반환하였다.

말하자면 세 치의 구설 하나로 사람을 움직이는 위력은 옛날의 '설객'이 활약한 것이나 오늘의 세일즈맨이 호별 방문으로, 혹은 각종 사회에 침투하여 그 상업목적을 달성하는 것이나 매한가지다.

三

허위정보로 판단을 오도하는 법

權謀術數

초나라 회왕이 미녀의 선물을 받았다.

회왕은 첫눈에 그 여자가 마음에 들었다. 회왕의 사랑은 어느새 애비 정유로부터 새로 온 미녀에게로 옮아갔다. 정유는 그 여자를 부르자 의복과 장식품을 주고 "왕이 사랑하는 사람은 내게도 사랑스러워요."라고 말하고 임금보다 더 귀여워 했다. 왕도 그 마음에는 감탄했다.

"여자는 색향으로 남자를 받드는 것이니 서로 시기하는 것이 상례이다. 그럼에도 정유는 마음이 후한 여자야. 내가 새로 온 비를 사랑하고 있는 것을 보고, 나보다 더 그 여자를 사랑하고 있어. 정말 충신이 임금을 섬기는 것과 같지 않는가."

그러나 이것은 그녀의 수단이었다. 회왕이 정유를 가리켜 '질투가 없는 여자'로 믿게끔 되었을 때 정유는 그 여자를 불러서 주의를 주었다.

"왕은 당신을 무척 사랑하고 있으나 다만 당신의 코가 좀 싫은 모양이에요. 임금님을 뵈올 때는 코를 가리는 것이 좋겠소. 그렇게 하면 언제까지나 왕의 총애를 받을 것이오."

그 미녀는 감사한 마음으로 이후는 임금을 만날 때마다 정유가 가르친대로 소매로 코를 가렸다.

왕은 이상하게 여기고 정유에게 물어보았다.

"저 여자는 왜 나를 보면 얼굴을 소매로 가릴까?"

"글쎄요?"

그녀는 시치미를 떼고 생각하는 척하다가 한참 후에 말을 이었다.

"허긴, 그 여자는 임금의 체취가 싫다고 하는 말을 들은 것 같습니다."

"뭐라고, 고약한 년이!"

왕은 당장에 노하여 그 여자에게 코를 자르는 형을 내렸다.

초왕의 궁중뿐만 아니라, 경쟁자의 싸움은 어느 나라 정당에도, 어느 회사에도 매일같이 되풀이되고 있다. 정유가 후세에 남긴 이 음모는 싸우지 않고 이기는 방법을 극히 시사한 것으로 알려졌다.

四

약자가 강자에 허물을 씌우다

權謀術數

제나라의 중대부에게 이사란 사람이 있었다. 한번은 임금의 주연에 시종하고 있다가 몹시 취했기 때문에 궁전의 낭문에 의지하여 휴식을 하고 있었다. 그때 문지기를 하고 있는 다리목이 잘린 전과자가 와서 중대부에게 청을 하였다.

"어른께서 잡수시다 남은 술이 있으면 베풀어 주십쇼."

"뭐라고! 이놈, 죄인이 그래도 빌어먹는 것을 다행스럽게 여기지 않고 함부로 무슨 말버릇이냐. 당장에 물러가라!"

문지기는 그 한마디로 허둥지둥 물러갔다. 그런데 이사가 사라지자 다시 문지기가 나타나서 중대부가 떠난 자리에 물을 뿌렸다. 다음날 아침, 왕은 물이 마르다 만 흔적을 보고 추궁하였다.

"여기에 누가 오줌을 누었어?"

문지기는 겁에 질린 표정으로 입을 열었다.

"누가 그랬는지는 알 수 없습니다. 다만 어제 저녁에 이 부근에 중대부인 이사님께서 서 있는 것을 보았습니다."

그 말을 듣자, 왕은 궁전을 더럽혔다고 이사를 사형에 처해 버렸다.

이 경우, 문지기는 사실상 거짓말을 꾸며대지는 않았다. 다만 물을 뿌렸다는 계교, 즉 음모를 꾸며서 상대에게 앙갚음을 했다. 또 중대부도 소변을 본 것은 물론 아니다. 다만 그가 술 한잔의 은혜를 베풀지 않았다는 과오로 죽음을 당하게 되었다. 즉 강자에 죄를 씌우는 데도 오직 "어제 이 부근에 중대부의 이사님이 서 계셨습니다"는 한마디 사실을 말했을 뿐이다.

사람을 모함함에는 단지 한마디 말로 충분한 사례이다.

五

날조한 죄명으로 남을 모함하다

權謀術數

서주와 동주는 그 사이가 견원지간이었다.

서주의 신하인 창타가 동주로 도망쳐 와서, 서주의 내정을 마구 털어 고해 바쳤다. 서주의 임금은 크게 노하였다. 그때 서주의 책사인 풍단이 한 계책을 제안하였다.

"저놈을 꼭 죽여 없애겠습니다. 임금께서는 금 30근을 내려주십시오."

풍단은 한 부하를 시켜 돈과 편지를 몰래 창타에게 전달하도록 일러 주고, 편지에는 다음과 같이 적었다.—"성공의 예지가 있거든, 애써 노력하라. 가망이 없으면 조속히 도망쳐 오라. 일을 끌면 오히려 누명을 쓰고 망신하게 될 것이다."

"오늘 밤, 불온한 사람이 잠입할 것이다."

동주의 수비당국은 돈과 편지를 창타에게 전달하러 온 "불온한 사람"을 잡아서 임금에게 끌고 갔다. 왕은 즉각 창타를 첩자로 보고 살해해 버렸다.

죄를 날조하여 적을 함정에 빠뜨리는 것은 오늘도 매우 흔히 보는 일이다.

六

권위에 약한 심리를 역용하라

權謀術數

어느 날, 초나라의 선왕이 많은 신하에게 물었다.

"북방의 여러 나라에서는 초나라의 재사인 소해휼을 두려워하고 있다는데, 그것이 실지에는 어떤가?"

아무도 대답하는 사람은 없었다. 그러자 강을이 나아가서 말하였다.

"호랑이는 백수를 찾아서 이를 잡아먹습니다만, 어느 날 여우를 잡았습니다. 여우는 이렇게 말했습니다.—당신은 나를 먹어서는 안 됩니다. 천제는 나를 백수의 왕으로 삼고 있으니, 만약 당신이 나를 먹으면 천제의 뜻에 배반하는 것이 됩니다. 만약 의심을 한다면 내가 당신의 앞장을 서서 걸어보죠. 당신이 나의 뒤를 따라오면 백수가 나를 보고 도망치지 않고 있는지 없는지 살펴보시오.—호랑이는 이 말을 수긍하고 함께 나아가자 과연 백수는 모두 도망을 쳤습니다. 호랑이는 짐승들이 자기가 두려워서 도망치는 것을 모르고 여우를 무서워하고 있다고 생각했습니다. 그런데 지금 임금님의 땅은 사방 5천 리, 군세는 백만이나 있음에도 그것을 오직 소해휼에게 맡기고 있습니다. 그러니까 북방의 나라들은 소해휼을 두려워하고 있음은 마치 백수가 호랑이를 두려워하고 있는 것과 같습니다."

소대가 연나라를 위하여 제왕을 설득하려고 하였다. 그래서 제왕을 뵈옵기에 앞서서 우선 제나라의 유명한 설객(책사) 순우곤에게 말했다.

"준마를 파는 자가 있었습니다. 3일 동안, 아침마다 저자에 세워 놓았으나, 아무도 거들떠보지도 않았습니다. 그래서 백락에게 가서—나는 준마를 가지고 팔려 내놓았으나 사흘 동안이나 저자에 서 있어도 아무도 소리를 지르는 사람이 없었습니다. 어떻게 된 일입니까. 당신이 내 말의 주위를 한바퀴 돌아보다가 돌아가면서 다시 한 번 되돌아보아 주지 않겠습니까? 팔리기만 하면 매상고의 일부를 떼어서 사례를 드리겠습니다.—하고 청했습니다. 백락은 그의 소원대로 그 말의 주위를 한바퀴 돈 다음 돌아서면서 다시 한 번 쳐다보았습니다. 그러자 당장에 사람들이 모여들어 말 값은 열 배로 뛰었습니다. 그런데 저는 준마로써 임금님을 뵈옵고 싶습니다만 당겨주는 사람도 밀어주는 사람도 없습니다. 귀하는 나의 백락이 되어 주지 않겠습니까? 백옥을 한 쌍, 황금을 천냥 드리고 사료의 대금으로 삼기로 하겠습니다."

순우곤은 즉석에서 응낙하고 어전으로 나아가서 임금에게 소대를 소개하였다. 소대는 제왕의 마음에 매우 들었다고 한다.

옛날 말 장사가 명감정사의 권위를 이용하는 것이나, 지금의 장사꾼이 유명인의 얼굴을 상품의 광고에 이용하는 거나 시대의 차이는 있을망정 그 효과는 다를 것이 없다.

아무리 실력의 시대라 하더라도 권위가 존재하는 이상, 호위를 이용하는 효과는 있다. 가령 조상의 벼슬은 자자손손에게 광채를 띠우는 것도 유력자나 유명인의 명함이나 사인이 통하는 것도 다 이 권위에 대한 여세이다. 특히 한국 같은 나라에서는 권력층의 소개장 없이는 맥도 못추는 경우는 오히려 민망할 정도이다.

옛날의 중국은 공자나 맹자의 어록이 인간의 사상과 행동을 지배하였다. 오늘의 세계는 개인 대 개인, 파벌 대 파벌의 투쟁이 성패를 결정하는 것은 당사자의 힘보다는 이 권위를 이용하는 것이 더 늘어나서 참으로 묘한 세상이 아닐 수 없다.

제2장

상대를 간파하는 법

"저 사람은 무엇을 생각하고 있을까?"

"그의 정체는 무엇일까?"

상대편의 속마음이나 정체를 안다는 것은 오늘과 같은 불신시대에서는 각별히 필요하다. 그러나 공교롭게도 인간처럼 알 수 없는 동물은 없다. 논리만으로는 설명을 할 수 없는 인간의 행동과 참다운 인간상을 어떻게 간파할 것인가?

설공의 독심술

權謀術數

"음, 통 알 수 없는걸?"

이렇게 제나라의 재상인 설공은 최근 수일 이래 팔짱을 끼고 눈을 감고 무엇인가 골똘하게 생각하는 적이 자주 있었다.

실은 얼마 전에 이 나라의 왕비가 사망했었다. 그래서 측근들은 새로운 왕비를 내세우게 되어 있다. 그러나 설공은 어떻게 해서든지 왕의 마음속에 있는 여자를 찾아내고자 고심을 거듭하고 있었다.

'그 여자'를 빨리 알아내어서 왕께서 말을 꺼내기 이전에 추천을 해야만 자기의 얼굴이 서기 때문이다.

만약 자기가 천거한 여자가 임금의 뜻과 일치한다면 이후부터는 자기의 의견은 더욱 더 중시될 것이며 새 왕비로부터도 감사의 말을 듣게 될 것이다. 그러나 자칫 잘못 천거한다면 여러 가지로 후화가 많을 것이다. 단순히 각하될 뿐만 아니라 이후부터는 자기의 의견이 무시되고 더구나 새로 왕비가 된 여자는 그를 업신여김에 틀림없다.

도대체 왕은 어떤 애첩을 가장 좋아하고 있을까?

지금 후궁에는 열 명의 애첩이 있다. 그 속에서 누군가 한 사람은 왕비로 승격할 것은 틀림없겠으나 그 분별을 할 길이 없다. 현명한 왕은 신하들 앞에서 자기의 내심을 보이려고 하지 않았다. 사랑하는 여자를 드러내면 신하들은 그 눈치를 채고 아첨을 할 것이다. 그렇게 하지 않게 하기 위해서 임금은 사람들 앞에서는 열 사람의 애첩을 조금도 편파 없이 다루었다.

'옳지!' 하고 돌연 설공은 눈을 선 듯 떴다. 그리고 시신을 부르고 다음과 같이 지시했다.

"시급히 열 짝의 옥을 준비하여라. 단 그중의 한 짝은 특히 아름답게 만들어야 해!"

옥이라는 것은 보석으로 만든 귀걸이다. 열 짝의 귀걸이는 곧 왕에게 진상되었다.

다음날, 임금 앞에 참배한 설공은 그중 가장 아름다운 귀걸이가 어느 여자의 귀에 달려 있는가를 알아차렸다.

그후 설공이 천거한 여자가 왕비가 된 것은 말할 나위 없다.

무슨 일이든 상대의 진심을 알아낸다는 것은 극히 중요하다. 특히 전국시대의 책사들에게 군주의 진의를 포착한다는 것은 목숨과 관계되는 중대 문제였다. 그러니만치 임금의 심중을 꿰뚫은 이 이야기는 책사들의 술책의 한 예로 이미 널리 유포된 내용이다.

겉으로 보아서는 남의 마음은 알 수 없다. 상대방에게 어떤 마음의 동요를 일으켜서 행동을 취하게 하고 그 반응에 따라서 진심을 파악하려는 것이다.

애당초 아무 일도 없을 때는 자기의 마음조차 알 수 없는 법이다. 정지된 상태에서는 그 상대에게 어떤 기능이 있는지 판단할 길이 없지 않겠는가. 아무리 근엄한 인물이라고 하더라도 실지에 여성을 접근시켜 보면 어떻게 될까?

이 '진심 판단법'의 응용범위는 무척 넓다는 것을 짐작하기 바란다.

二

태공망의 관찰법

權謀術數

어떤 능동적 공작을 해놓고 그 반응에 의하여 정체를 아는 법이 있다. 이 원리를 이용하는 인물관찰법이 있다.

그것은 《육도》라는 병서에 서술되어 있는 방법이다.

《육도》라는 책은 옛날 중국 주나라의 건국에 공로를 세운 태공망이 설법한 병서이며, 처세의 책으로 알려져 있다.

혹자는 후세의 저술이라고 일컫고 있으나 최근 중국 산동성에 있는 한대의 무덤에서 《손자병법》과 함께 《육도》의 죽간 45매가 발견되어 최소한 2100년 전의 것으로 실증되었다. 모두 6편으로 되어 있는데 그중 '호도'라는 것도 들어 있다.

이 인물관찰법은, 말하자면 애당초에는 아랫사람들의 인물감식법을 위한 이론으로 채택된 것이었다. 이 말을 바꿔 말한다면 '판단 항목표'이다.

그것에 의하면 인간의 본심은 깊이 은폐되어 있어서 그 외관만으로는 알 수 없다. 그래서 본심을 알기 위해서는 행동을 시켜본다. 《육도》에는 바로 그 분별 방법을 여덟 가지로 나누고 있다.

말하자면 "외모와 중정, 곧 진심이 서로 상응하지 않는 자를 분별함에는 여덟 가지 증표가 있다"고 말한 다음, 여덟 가지 조항을 들고 있다. 이것을 보통 8증법이라고 한다. 덧붙여 설명하자면 '증'은 증후를 뜻하며 '증조'라는 말과도 통한다. 한편 '조'라는 것은 조짐을 뜻하며, 이 증조의 조는 인간의 정체를 파악하는 일종의 정보 출처를 가리킨다.

❶ 무엇인가 질문을 해보고 그 이해의 정도를 관찰한다.
❷ 추궁을 해서 그 당장의 반응을 관찰한다.
❸ 함정을 만들어 놓고 그 성실성 여하를 관찰한다.
❹ 비밀을 털어놓고 그 인간의 덕망을 관찰한다.
❺ 돈을 맡게 하여 그 정직함의 여하를 관찰한다.
❻ 여자를 접근시켜 인물의 견실함을 관찰한다.
❼ 어려운 일을 시켜보고 용기가 있는지 없는지를 관찰한다.
❽ 술에 취하게 하여 그 태도를 관찰한다.

이상의 한 가지 예를 들면 전장에서 적정을 알기 위하여 소규모의 공격을 시도하여 그 반응을 판단한다. 전술에 '위력정찰'이라는 것이 있는데, 그것은 이 육도의 방법과 같은 발상에 의거하고 있다.

사람을 평가할 경우에 행동의 결과에 따라서 관찰하는 것은 평소에 누구나가 다 취하고 있는 일이다. 그러나 설공의 경우도 이 '8증법'의 결과를 기다려 판단하는 것이 아니라 물에 돌을 던져서 그 파문을 일으켜보고 판단한 것이 그 특색이다.

다만 이 진심의 판단법은 자칫 실패하면 돌이킬 수 없는 실수를 하게 된다. 그러니까 여간 조심하지 않으면 안된다.

옛날에 어떤 여자가 남자의 애정에 대한 진심을 알아보려고 남자가 지극히 사랑하는 개를 죽여버렸다. 남자는 여자를 극진하게 사랑하고 있었기 때문에 개를 죽인 것에 대해서는 별로 나무라지 않았다. 여자는 남자의 진정을 알고 기뻤다.

그러나 남자는 여자가 자기의 마음을 일부러 시험한 것을 괘씸하게 생각하고 분통을 참을 수 없었다. 마침내 그 여자를 쫓아내 버리고 말았다 한다.

뻔하게 들여다보이는 것을 판단한다는 것은 오히려 자기를 망치는 일이 아닌가.

三
손자의 적정탐지법

權謀術數

《손자병법》 속에 '적정탐지법'이라는 것이 있다.

적과 마주치게 되었을 때 아주 사소한 증후를 보았을 뿐으로 적정을 알아차리는 방법을 33개 항목에 걸쳐서 서술하고 있다. 가령 "날짐승이 불시에 날아오르는 경우에는 복병이 있다는 증거이다" 따위가 그것이며, 옛날의 전쟁에는 이것이 큰 도움을 주었다.

물론 전쟁형태가 전혀 달라지고, 전자병기와 광학병기 등이 발달한 오늘에 와서는 그대로가 유효하다고 말할 수 없다.

그러나 그중에서 '적'이라고 되어있는 것을 '상대'로 바꾸었다. 또한 인간관계나 조직의 상황에 관해서 꼭 들어맞는 말이 적지 않다. 어떤 증후에 의하여 그 본질을 판단하려고 한다는 것은 이미 말한 '8

증법'과 같지만 '손자'의 경우는 또 한 가지 인간의 심리에 퍽 깊이 들어맞는 견해를 내포하고 있다.

❶ 상대방에게 접근하고 있으면서도 조용히 말이 없는 것은 무엇인가 기대하는 바가 있기 때문이다.

❷ 상대가 접근하려 하지 않고 오히려 도발적인 경우는 이쪽을 유인하려는 징조이다.

❸ 상대가 말을 낮추어 사용할 때는 자신이 있다는 증거이다.

❹ 상대가 열변을 늘어놓고 있는 것은 자신이 없기 때문이다.

❺ 상대가 이쪽에 접근하였다고 생각하면 떨어지고, 떨어졌다고 생각하면 접근하는 것은 이쪽을 유인하려는 것이다.

❻ 유리한 것이 분명한 데도 나아가지 않으려는 것은 피로가 심한 증거이다.

❼ 어둠 속에서 큰소리를 치고 있는 것은 공포심을 숨기려 하는 짓이다.

❽ 조직에 질서가 없는 것은 지도자가 무능하고 위신이 있는 명령이 행하여 지지 않고 있는 증거이다.

❾ 깃발(슬로건)이 너무 많이 흔들리고 있는 것은 그 내부가 문란한 증거이다.

❿ 상관이 무턱대고 부하들을 꾸짖고 있는 것은 조직 전체가 권태에 빠지고 전의를 상실하고 있다는 증거이다.

⓫ 지도자가 부하를 향하여 구질스럽게 이야기하고 부자연스러울 정도로 친근하게 하는 것은 부하의 마음이 벌어지고 있다는

증거이다.

⑫ 상을 남발하는 것은 지도자가 막다른 처지에 있다는 증거이다.

⑬ 함부로 벌을 과하는 것도 지도자가 막다른 처지에 있다는 증거이다.

⑭ 부하를 마구 꾸짖다가도 즉각 다시 그 기분을 맞추려고 서두는 것은 지도자의 마음이 불안하다는 증거이다.

⑮ 상대방 쪽에서 먼저 인사를 해오는 것은 휴식을 취하고 힘을 저장하고 싶기 때문이다.

쉽게 읽히기 위해서 다소 의역을 하였다. 다만 《손자》의 이 관찰법의 밑바닥을 이루고 있는 것은 역설적인 사고에 의하여 진정한 속의 미를 찾아내려는데 있다.

이것은 하등 고의적인 견해는 아니다. 매사는 음양의 두 갈래로 형성되어 있다고 하는 고대 중국의 철학에 근거하는 사고방식이다. 말하자면 해와 달, 남과 녀, 하늘과 땅, 백과 흑과 같이 모든 사물은 상호 대답하는 것을 골자로 한다. 앞이 있으면 뒤가 있고, 뒤가 있으면 앞이 있다. 그래서 앞을 보면 뒤를 짐작하고, 뒤를 보면 앞을 알 수 있는 것이다.

어찌 되었든 상식적인 견해로는 겉면밖에 알 수 없다. 그러나 보는 방법을 바꾸어 보면, 뜻밖의 측면이 드러나게 되는 일은 흔히 있다.

사람이나 조직에 구애됨이 없이 온갖 현상을 관찰할 경우에 극히 유효한 수단이 되는 것이 이 방법이다.

四 한비자의 투시술

權謀術數

《한비자》라는 책은 군주의 통치술이 주요 주제로 되어 있다. 즉 어떻게 하면 신하의 내심을 투시할 수 있는가 하는 문제에 많은 연구를 하고 있다.

한비자에 의하면, 군주에게 중신이라는 존재는 매우 위험한 인물들이다. 그들은 사리를 도모하는 데 매우 급급한 존재로서 임금의 눈을 속이고 나쁜 일을 도모하고 틈만 있으면 군주의 자리를 빼앗으려 하고 있다. 따라서 그들의 본심을 간파하는 일은 군주에게는 죽느냐 사느냐의 문제이며, 군주된 자는 그 술수를 몸에 익혀두지 않으면 안된다.

그것은 하등 군주와 신하의 관계에 구애되는 것은 아니다. 사람이 사람을 잡아먹는 시대에는 안전하게 살아가기 위한 필요불가결한 지혜다.

한비자의 투시술에는 관청법·일청법·협지법·도언법·반찰법 따위가 있다. 이 말들은 극히 낡은 한문자로 표현되어 있으나 이것을 이해하면 능히 오늘에도 통용할 수가 있다. 그 수법을 소개하겠다.

1. 관청법(한 가지 자료에 의거하는 것이 아니고 종합적으로 판단하는 것)

—관청이 함께 참작되지 않으면 진실은 들리지 않는다.

'관'이라는 것은 '잘 본다는 것'이요, '청'은 '똑똑히 듣는다는 것', 말하자면 이 한마디의 의미는 '보는 것과 듣는 것을 종합하지 않고서는 진상은 알 수 없다'라는 것이다. 대개 임금에게까지 들려오는 정보는 한정되어 있다. 또 한쪽으로 기울어져 있기 쉽다. 더구나 '관'만으로 그것을 진실이라고 단정지우거나, '청'만으로 그대로 믿어버리기가 쉽다. 이것은 큰 잘못이다.

사람은 애초에 마음에 드는 일에 솔깃해지며, 싫어하는 일에는 근접하지 않으려는 버릇이 있다. 만약 '본 것이' 마음에 들면 그것에 대한 나쁜 평가는 '들으려고' 하지 않는다. 거꾸로 '들은 일'이 마음에 솔깃하면 그것에 관한 나쁜 현실은 '보려고' 하지 않는다.

임금의 한 가지 약점을 알고 있는 음흉한 중신은 입으로는 달콤한 얘기를 하거나 혹은 좋은 곳을 보여서 속이려고 한다.

그래서 솔깃한 얘기를 듣더라도 반드시 자기의 눈으로 확인하고, 잘 되어 있는 것을 보더라도 반드시 많은 사람의 의견을 들어야 한다. 전국의 군주에 구애되지 않고 이것은 정보를 판단하는 경우의 기본적인 마음의 태세이다.

2. 일청법(집단 속에 숨어서 자기 능력을 감추고 있는 자를 간파한다)

이런 이치이다. 말하자면 '한 사람씩 개별적으로 의견을 말하게 하지 않으면 무리 속에 은폐되어서 제각기의 능력을 간파할 수가 없다'는 개념이다.

《한비자》 속에는 그 실례로서 다음과 같은 우화를 싣고 있다.

임금님은 피리의 합주를 듣는 것을 매우 좋아했다. 그 때문에 궁중에는 3백 명이나 되는 악사를 거느리고 항상 합주를 시켰다.

한 사람이 자기는 피리의 명수라고 거짓을 말하고는 많은 녹을 타먹고 있었다. 그런데 그 임금이 죽고 없어지자 다음 임금이 즉위를 했다. 새 임금은 합주를 좋아하지 않아 악사들에게 독주를 명령했다.

그러자 자칭 '명수'라고 하는 사람은 곧 도망치고 말았다.

이러한 방식은 반드시 '한 사람씩 의견을 묻는다'라는 것만이 아니고 좀 더 널리 활용된다. 즉 '애매한 태도를 취하면서 책임을 면하려는 인간을 추궁하고, 밝혀서 그 정체를 간파한다'는 것도 생각할 수 있다.

3. 협지법(모르는 체하면서 상대방을 판단하는 법)

한나라의 소후는 어느 날, 잘라낸 손톱의 한톨을 일부러 감추어두고 "잘라버린 손톱을 잃어버린다는 것은 불길한 일이야. 어떻게 해서라도 찾아내라."고 엄명하였다.

근시들은 온 방안을 뒤지게 했으나 어느 곳에도 떨어져 있지 않았다.

"어떻게 된 거야. 없을 까닭이 없지 않느냐. 잘 찾아보아라."

가까운 신하의 한 사람이 몰래 자기의 손톱을 잘라서 내놓았다.

"있습니다. 여기에 있습니다."

소후는 이리하여 누가 거짓말을 하는가를 알았다.

또 한 가지, 소후는 이런 이야기를 남겼다.

모가 자라나는 무렵, 우마를 밭에 들어가게 하는 것은 금지되어 있었으나 그것을 위반하고 밭에 우마를 들여보내고 있는 자가 많았다. 소후는 그 현장의 한 곳을 알고 있으면서도 관가에 위반자의 조사를 명령하였다.

보고가 올라왔으나 그 속에는 소후가 알고 있는 현장의 사건은 들어 있지 않았다.

"이것이 전부는 아닐 테지. 또 있을 것이니 잘 조사해 보라."

재조사를 시켜보니 과연 조사에 누락된 사람이 많은 것을 판명할 수가 있었다.

《한비자》는 이 인용을 들면서 '협지법'이라고 하는 이 간파술을 설명하기를 "지혜를 몰아쳐서 몰게 되면 무리 속에 은폐된 것은 모두 드러낸다"라고 말하고 있다.

이 항목에서 '협'이라는 한자는 '무서운 것' 사이에 끼우게 하는 것을 뜻하고 부둥켜안고 있으면서 상대방에 보이지 않게 하는 것이다. 말하자면 '협지'라는 것을 알고 있으면서도 모르는 체하는 것이다. '모르는 체하고 물으면 모르는 것까지도 알게 된다. 한 가지를 숙지하고 있으면 다른 숨겨진 사실까지도 알 수 있게 된다'는 것이다.

이쪽이 알고 있는 것을 알면 상대방은 미리 그 대응책을 쓴다. 모른다고 생각하기 때문에 안심하고 그 실체를 드러 내 놓는 것이다.

하물며 아는 체를 하다가는 큰코다치는 것은 말할 나위도 없다.

4. 도언법(거짓말을 하여 상대를 판단하는 법)

'到'라는 한자는 '뒤집어엎는다'는 뜻, 말하자면 '도언'이라는 것은 일부러 말을 뒤집어서 거꾸로 말해보고 상대의 마음을 간파하는 법이다. 이것은 자신이 없는 사람이나 약자가 흔히 쓰는 방법이다. 그다지 유쾌한 수법이 못된다. 그러나 이런 수법을 쓰는 사람에게 걸려드는 것도 쑥스럽다. 다만 처세를 위해 조심할 필요가 있다.

연나라의 재상으로 자지라는 인물이 있었다. 어느 날 부하들과 얘기를 나누고 있었으나 갑자기,

"저, 방금 문으로 나간 것은 흰 말이 아닌가, 이상하다?"

하고 말했다. 물론 거짓말이다.

"아니, 그럴 리가 없습니다. 말 같은 건 나가지 않았습니다."

"미처 알지 못했습니다."

등등, 모두 말로는 부정했으나 그중의 한 사람이 문밖까지 뛰어나갔다 와서 보고를 했다.

"분명 흰 말이 있습니다."

자지는 이 일로 해서 누가 거짓말을 하는가를 알았다.

이것은 오늘의 방식으로 말하면 '속임수 판단'이라고 일컫는 것이며, 한편 이러한 방식도 있다. 역시 《한비자》에 인용되어 있는 사례

이다.

위나라의 재상인 산양군은 최근 불안에 견딜 수가 없었다. 아무래도 임금이 자기를 의심하고 있는 듯했다. 그렇다고 임금에게 직접 물어볼 수도 없다. 자칫하면 벌집을 터뜨려버려 쏘일지도 모를 일이다.

임금의 총신에 규수라는 사나이가 있었다. 이 사나이 같으면 임금에게서 들어서 알고 있는 일이 있음에 틀림없겠지만 막바로 묻는다고 대답해 주지는 않을 것 같다. 그래서 산양군은 한 가지 묘안을 짜서 규수를 만나자 대뜸 마구잡이로 힐난을 퍼부었다.

규수는 화가 치밀어서 대꾸를 했다.

"뭐라고 욕지거리를 해도 좋습니다. 아무튼 당신 같은 사람은 임금이 신용하고 있지 않습니다."

일부러 노여움을 유발시켜 그가 임금으로부터 듣고 있는 말을 실토하게 한 것이다. 산양군은 이로써 임금의 내심을 알아챘다.

5. 반찰법(반대 입장에 서서 동기를 찾는 법)

가령 화재가 일어났을 때 그 재난으로 오히려 이익을 받게 되는 사람을 찾아내어 범인을 추측할 경우가 그것이다. 이것이 '반찰법'에 해당한다. 살인사건을 해결할 경우 피해자의 죽음으로 그 대신 누가 반대로 이익을 누리게 되는가를 찰지하고, 동기에 의하여 범인을 찾는다. 오늘날 텔레비전 같은 데서 흔히 보는 '추리 드라마'는 이 반찰법의 수법을 쓰고 있다. 그러한 것을 반찰법이라고 보면 된다.

《한비자》에는 다음과 같이 언급되고 있다. "어떤 사건이 일어나면 그것은 사건에 의하여 이익을 받는 자가 쥐고 흔들고 있다. 피해자가 있을 경우에도 반대로 그 사건으로 이익을 누리게 되는 자가 조종하고 있다고 추측하는 것"을 반찰법이라고 한다.

그 사례를 다음에 들어보자.—한의 희후가 목욕을 하려고 욕탕에 들어갔더니 욕조에 잔돌이 뒹굴고 있었다.

희후는 근신을 불러서 물어보았다.

"목욕탕의 책임자가 면직되었을 경우 그 후임자가 될 사람이 정해져 있는가?"

"예, 정해져 있습니다."

"그자를 여기에 불러와라."

희후는 엄중히 문책을 했다.

"어째서 내 목욕탕에 돌을 집어넣었느냐?"

마지못해 그 사나이는 숨길 수가 없어서 고백하고 말았다.

"책임자가 파직을 하게 돼야 제가 출세할 수가 있기 때문입니다. 그래서 그만……."

한쪽의 주관적인 생각이 아니고 상대방의 입장이 되어서 동기를 찾아라! 그것이 상대방을 간파하는 한 가지 방법이다.

五

간파한 후의 조처

權謀術數

앞에서 몇 가지 사람을 간파하는 방법을 검토해 보았다.

최후로 중요한 대목을 열거해 보겠다. 사람을 간파한다는 것은 이쪽도 간파당할 가능성이 있다는 얘기이다. 그것을 잊어버리고 자기만이 특수병기를 사용하고 있다고 생각한다면 큰 보복을 당하게 될 것이다.

공격과 방어는 종이 한 장의 앞과 뒤와 같다는 것을 항상 되새겨 둘 필요가 있다.

또 한 가지는 간파한 후의 조치문제이다. 간파한 것만으로는 아이들이 흉기를 가지고 있는 것과 같다. 그것을 어떻게 사용하는가에 관해서는 어른의 지혜가 필요하다. 그렇지 못하면 애써 간파한 일이

오히려 나의 신상을 해치는 일이 될 수가 있다.

간파한 사실을 어떻게 활용하는가는 간파된다는 것도 생각하고 어떻게 대응할 것인가? 이 술수를 사용하는 데는 그러한 배려가 불가결의 요건이다.

그런 의미에서 시사를 주는 고사를 한 가지 들어 말하겠다. 적에게 이쪽의 의도를 간파되도록 해서는 안된다는 것을 강조한 얘기이다.

위군이 중산이라는 나라를 치기 위하여, 조의 영지를 통과하려고 하였다. 그래서 위왕은 조왕에게 사람을 보내어 요청하였다.

"우리 군사가 귀국을 통과하는 것을 허락해 주시기를 바라오. 목적은 중산을 공격하는 것이니 결코 귀국의 영토에 야심이 있는 것은 아니오."

조왕이 이것을 거부하려 하자 신하인 조각이 "그것은 안될 말이옵니다."라고 진언하였다.

"통과시키는 것이 좋을 줄 아뢰옵니다. 위가 중산을 공격하고 만약 점령하지 못한다면 전력을 소모하게 될 것이니 우리 조나라로서는 그만큼 유리하게 되지 않습니까. 만약에 예정대로 우리의 조나라를 통과하지 않으면 본국과 왕래할 수가 없으며, 피를 흘린 것은 위나라의 사람이지만, 수확을 거두는 것은 우리가 되는 셈입니다. 그러나 결코 통과시켜 주는 것을 반가운 표정으로 대해서는 안됩니다. 사자를 환영하는 따위의 표정을 보이면 상대방은 우리 나라의 진의를 뚫어보고 중산공격을 중지할 수도 있습니다. 마지못해 통과를 허락하는 것처럼 보이는 것이 상책입니다."

제3장

선견선수의 술책

아무리 과학이 발달하여도 장래를 예측한다는 것은 매우 어려운 일이다.

그러나 고대 중국인들은 매우 독특한 방법으로 먼저 선견을 하거나, 선취를 하여 기선을 잡았다. 권모술수는 남보다 먼저 앞을 내다보고, 판단하는 일로부터 시작된다고 하여도 과언은 아니다.

그럼 권모술수의 명수들은 어떻게 앞을 선견하고, 미리 선취했는가?

一

상황에 따라 행동하라

權謀術數

세계 역사상 유명한 폭군이라면 서양에서는 로마의 네로, 동양에는 은나라의 주왕이 있다. 은왕조는 기원전 17세기경부터 중국의 중심부를 지배하고 있었으나 기원전 2세기에 이르러 이 주왕의 시대에 멸망했다.

주왕은, 역시 역사상 유명한 '악녀'로 대표되는 미녀 달기를 사랑하여 주지육림에 빠져 밤낮을, 술과 노래에 파묻혀 지내면서 정치범을 불태워 죽이는 포락이라는 형을 고안해 내는 등 극악을 다했다. 그리고 그런 짓을 충고한 충신을 '건육'으로 만들어 죽였다고 하니 상상하고도 남을 것이다.

이 은나라를 때려눕히고 천하를 차지한 나라가 서쪽의 호족으로 일어난 주나라이다. 그러나 주나라는 어느 날 갑자기 은나라의 주왕에게 토지를 헌납하고 그 대신 포락의 형을 폐지하도록 요청하여 천하의 민심을 잡거나, 자기가 그 영내에서 선정을 베풀거나 하면서 조용히 그 시기를 기다리고 있었던 것이다. 결국 주가 은을 치는 것은 문왕의 아들인 무왕의 대에 와서 비로소 행하여졌으며, 문왕의 재위 50년은 오로지 '대기'와 '예비'에 시종하였다.

이것은 그 시기의 이야기이다.

주나라가 비장하고 있는 보물에 '옥판'이라는 명기가 있었다. 보옥으로 만든 가늘고 긴 상지와 같은 것으로, 그것에는 글자가 새겨져 있는 진귀한 것이었던 모양이다.

언젠가 주의 문왕에게 은나라의 주왕으로부터 기필코 그 '옥판'을 양도해 달라는 청탁이 전해졌다. 전갈을 받은 사람은 은나라의 일을 보고 있는 드문 현자로 알려진 교격이었다.

문왕은 교격의 고결한 인품에 경의를 표시했기 때문에 후한 대접을 하였으나 문제의 옥판은 양도하려고 하지 않았다.

"조상 전래의 보물인 고로 이것만은 양도할 수가 없습니다."

교격은 부득이 귀국하고 말았다.

그러나 주왕은 끝끝내 그것을 단념하지 못하고 이번에는 비중이라는 사람을 시켜서 재차 옥판을 구하러 보냈다.

이 인물은 사악한 신하로서 알려져 있었다. 주왕의 악업을 충고는커녕 오히려 그것을 고자질하여 사리사욕을 도모하고 있었다. 주나라의 사람들은 이번에도 문왕은 당연히 거절할 것이라고 생각하였다.

그런데 주의 문왕은 이 비중이 찾아오자 깨끗이 승낙하고 옥판을 내주고 말았다.

사자로서 고결한 인물이 오면 주지 않고 평판이 나쁜 인물이 오면 내어 주었다.

그 이유는 무엇인가?

—그 까닭은 교격은 현명하고, 비중에게는 도가 없기 때문이다. 주는 현자가 은왕조에서 출세하는 것을 싫어한다. 고로 비중에게 주었다.

교격은 고결한 인물이기 때문에 주지 않았다. 만약 그에게 주면 그는 능히 임금의 명령을 완수한 결과로 은나라에서 높은 지위를 얻게 될 것이다. 이렇게 훌륭한 인물이 출세하면 은나라는 발전함에 틀림이 없다. 그것은 결과적으로 보면 주나라에는 이롭지 못하다.

한편 비중은 나쁜 인물이기 때문에 내어주어서 임금의 명을 다하도록 하였다. 이러한 인물이 득세하면 이윽고 은나라는 멸망할 것에 틀림이 없다. 보물 따위는 이 경우에 문제가 안된다. 아니 은나라가 망하면 언젠가 다시 그 보물은 되찾으면 된다.

그후의 양국관계는 과연 문왕이 선견한 대로 진행되었다. 은나라에는 간신들이 득세를 하여 정치는 혼란을 거듭하고 주나라가 한번 밀어닥치자 무너지고 말았다. 사실이 어떤지는 고사하고 여기에 나타나는 '선견'의 발상은 극히 독특한 뜻이 있다. 목전의 손득에는 좌우되지 않는다. 꿰뚫어 볼 수 있는 통찰력이 앞날을 내다보고 있는 것이다.

일시적인 심정의 구애는 받지 않는다. 냉정한 마음이 사태의 추이를 계산하고 있다.

더구나 기계와 같은 성질도 변화도 없는 무기물질이 아니고 피가 통하는 인간의 행동에 따라 적응해야 한다.—그것이 권모술수적인 예견법에 통하는 한 가지 특징이라고 할 수 있다.

二

먼저 앞날을 예견하라

權謀術數

변화가 격심한 난세를 살아가려면 어떻게 해서라도 다른 사람보다도 빨리 앞을 내다보고 적절한 손을 쓰면서 나아가지 않으면 안된다.

가령 일곱의 강한 나라들이 심한 생존경쟁을 계속하고 있던 전국시대(B.C. 5~3)의 일이다. 진·한·위·조·연의 5개국이 동맹을 맺고 동쪽의 제나라로 침입하였다.

이것을 보고 기뻐한 것은 훨씬 남쪽에 위치하고 있던 초나라이다. 싸움의 권외에 있던 초로서는 강 건너 불싸움이요, 타국끼리의 싸움이니 크게 환영하는 바이었다. 초왕을 비롯해서 중신들은 잇달아 들려오는 소식(정보)에 손뼉을 치고 있었다.

그러나 오직 한 사람이 상황을 염려하고 있는 인물이 있었다. 소양이라는 고관이었다. 말하자면 그는 '사족'이라는 말의 유래가 된, 고사가 생기게 된 당사자의 한 사람으로 오늘날까지 우리들의 기억에 새로운 사람이다.

"5개국 동맹군이 제나라를 공격한 다음에는 반드시 우리 초나라로 쳐들어올 것이다."

이렇게 생각하는 것이 소양의 예견이었다. 그 5개국의 중심세력은 진나라이며, 그 진나라가 진정으로 탐을 내고 있는 나라는 인접하고 있는 초나라 땅이다. 초나라를 노리지 않을 까닭이 없다.

소양이 왜 이렇게 예견을 하였는가 하는 이유에 대해서는 이 글을 기록한 《전국책》이라는 책에도 기록되어 있지 않기 때문에 분명하지는 않지만 아마 진나라의 수법을 분석한 결과가 아닌가 싶다.

그의 이 현책은 임금을 납득시켜서 곧 대책이 강구되었다. 그 결과 5개국 동맹을 분열시키는 것이 가장 효과적이라는 결론이 나왔다.

일단 방침이 섰으니 그 다음은 분열공작에 들어가게 되었다. 5개국 중에 먼저 위나라로 초점을 두고 초나라의 밀사가 파견되었다.

"5개국 동맹을 해소시켜 준다면 초나라는 귀국에 대해서 다섯의 도읍을 할양해 드리겠습니다."

위나라는 이 말을 믿고 당장에 동맹을 배신하였다. 이렇게 해서 5개국의 위협이 사라지자 초나라는 위나라와의 약속을 이행하지 않고 어물어물 여우와 너구리의 속임수를 계속했으나 어쨌든 소양의 예견은 초나라의 위기를 사전에 방지할 수가 있었다.

이러한 일이 매일같이 일어나고 있는 세상에서 사람들이 앞일을 예견하고 혹은 선취하는 마음의 준비를 가져야 하는 것은 너무나 당연하다.

三
징조를 포착하라

權謀術數

애당초 권모술수의 제일보는 앞을 예견하는 데 있다고 했다. 상대방이 어떻게 나오느냐, 정세가 어떻게 변하느냐 하는 것에 대한 전망이 서지 않으면 대책을 세울 도리가 없다.

한대에 편찬된 《설원》이라고 하는 고대 중국의 설화집에 '권모'라는 제목이 붙은 한 편이 있다는 것은 앞의 서장에서 이미 언급했다. 그 책에 모아놓은 일화의 대부분은 이를테면 앞을 잘 내다본 현자들의 이야기라고 할 수 있다.

그 당시의 정의에 의하면 '권모'라고 하는 것은 앞을 예견하는 것이라고까지 논급되고 있다.

그럼 그들은 어떤 방식으로 앞일을 예견하였는가. 거기에는 한 가지 공통된 유형이 있다.

그것은 '징조'에 의해서 장래를 판단한다는 방식이었다. 대개의 일을 뚜렷한 형태를 취하기 이전에 어떤 징조가 나타난다. 돌연히 일어난 경우에라도 실은 역시 '징조'가 있었다는 것이 통설이다. 다만 주의를 기울이지 않았거나 지식이 없었던지 해서 보통은 그것을 알아채지 못하였기 때문이다.

인간관계이거나 사회현상이거나 혹은 또 자연현상이거나 사건이 일어나기 이전에 나타난 징조는 귀중한 예고의 정보라고 할 수 있다. 우선 이것을 포착해야 한다.

애당초 '조'라는 한문자는 점을 쳐서 미래를 예측하는 데서 생겨난 문자이다. 즉 중국의 고대 점의 한 가지로 거북의 껍데기를 구워서 길흉을 알아내는 방법이 있었다.

이 거북의 껍데기의 안쪽에 구멍을 뚫고 거기다 불에 달군 화저를 대면 껍데기의 표면[등판]에 금이 생겨난다. 이 모양에 따라서 길흉을 판단했다고 한다. 징조라는 조는 그 껍데기의 갈라진 금줄의 모양에서 만들어진 글자이다.

'징조에 의한 미래예측'의 생각은 이 점치는 방법에서 발전한 것인지, 아니면 그 이전부터 있었는지 그것은 알 수가 없다. 고대 중국인은 '조짐'이라는 것을 극히 중요시하고 이것에 의하여 내다보았다.

그러한 판단에 의하면 징조 또는 조짐이라는 것은 어떤 원인이 있기 때문에 생기는 것이다. 말하자면 '원인→징조'가 되는 셈이다. 그러니까 이것을 거꾸로 생각하면 징조에서 원인을 추측할 수가 있다. 즉 '징조→원인'을 생각하는 것이 그것이다. 원인이 명백해지면 다음에는 거기에서 새로 출발을 해서 '원인→결과'를 예측할 수가 있다.

간단한 실례를 들어보자. 이것도 역시 중국 고대의 은나라 주왕에 얽힌 일화이다.

—은나라의 주왕이 상아로 젓가락을 만들었다.

이것을 본 중신인 기자는 천하의 화를 예지했다.

단지 이 정도의 짧은 얘기지만 매우 함축성이 있는 얘기이다. 즉 과연 그후 천하는 혼란에 빠지고 은나라는 멸망하였다. '상아의 젓가락'과 '천하의 화'란 어떻게 결합되었는가.

《한비자》에 의하면 기자는 다음과 같이 생각하였다고 한다.

—상아로 젓가락을 만들게 되면 음식을 만드는 그릇도 옥석으로 만들지 않으면 안 될 것이다. 옥으로 만든 집기와 상아의 젓가락을 사용하면 음식은 콩이나 야채를 먹을 수도 없게 될 것이니 코끼리의 고기, 표범의 창자 등 진미를 먹게 될 것이다. 그렇게 되면 입는 옷도 사는 집도 지금까지와 같은 것으로 할 수는 없을 것이며, 비단옷에다 궁전에 살게 마련될 것이다. 그렇게 되면 천하의 재물을 다 모아도 안 될 것이다. —이 견해는 다소 '바람이 불어도 통을 만드는 장사는 돈벌이가 된다'는 식의 비약적 논리로 발전할 가능성이 없는 것은 아니지만, 요는 일견 사소한 현상에서 숨겨진 본질을 찾아낸다는 점이다.

—성인은 티끌을 보고 낡은 것을 알게 되고 끝을 보고서 그 종말을 알았다.

'성인은 희미한 징조를 보고 뚜렷한 모습을 알았고, 극히 사소한 실마리를 보고 결과를 알 수가 있다'는 뜻이다.

다만 이 '징조→원인→결과'라는 방식이 특히 유효한 것은 인간의 심리가 관계되는 일에 대해서 더욱 그러하다. 인간의 심리에 근거하는 행동은 '징조→원인→결과'의 추측을 하기 쉽기 때문이다.

四 이변을 조사하라

權謀術數

'兆'를 '조'로 판단할 수 있기 위해서는 역시 무엇보다도 경험과 육감이 중요하다. 그 판단에는 누구나 할 수 있는 보편적인 방법이 있는 것이 아니라는데 이 판단법의 약점과 묘미가 있는 셈이다.

그러나 전혀 그 수법이 없는 것도 아니다. 그 한 가지는 이변을 체크하는 일이다. 근소한 부자연함도 놓치지 않고 그 의미를 생각해야 한다. '징조'는 말하자면 변화가 있다는 신호이며 그 작은 전제이다. 그 근원을 파헤쳐서 확대하면 변화의 결과를 알 수 있다.

가령 이러한 방법이 있다.

진나라의 실력자 지백은 한·위와의 동맹군을 지휘하고 조나라로 침입하여 진양성을 물로 함몰시키는 공격을 취했다. 성은 곧 수몰할 것같이 되었으며 항복은 시간의 문제였다.

그런데 지백의 한 부하가 주인에게 보고하였다.

"동맹군의 한나라와 위나라가 배반할 것 같습니다."

지백은 "어떻게 그것을 알 수가 있는가"라고 물었더니, 그 사나이는 말했다.

"적이 낙성 직전에 있음에도 한과 위나라의 임금은 기뻐하기는커녕 어딘가 개운치 않은 얼굴입니다. 이것은 딴 마음을 가지고 있는 징조입니다."

다음날, 지백은 한과 위나라의 임금에게 추궁하였다.

"귀공들이 배신할 것이라고 말하는 사람이 있습니다."

두 사람은 말했다.

"조나라를 이겨서 그 땅을 셋으로 나누려는 막판에 어찌 우리가 배반을 하겠소. 그것은 우리를 분열시키려는 중상모략일 것이오."

지백은 그 말을 믿고 그 부하를 죽이려고 하였다. 이 기미를 알아챈 부하는 재빨리 망명하고 말았다. 그러나 그후 얼마 있지 않아서 한나라와 위나라는 과연 지백에게 반기를 들었던 것이다.

통상의 상태 같으면 기뻐하는 것이 자연이다. 그것을 기뻐하지 않는다는 거기에 무엇인가 이상한 '조짐'을 보게 된다. 마치 땅 표면의 희미한 변화를 알아보고 광맥을 발견하는 것과 같다. 인간의 마음의 동요는 어떤 형태로든지 겉으로 나타나게 마련이다.

—숨기고 있는 것만큼 나타나는 것은 없다.

이 지백이 이번에는 상대방에게 기권을 당해버린 경우가 있다.

위나라에 이웃의 대국인 진나라에서 보물의 선물이 왔다.

"우리(진국)는 위의 임금에게 경의를 표하고 우호관계를 수립하기 위해서 수십수백 두의 말을 선물로 드리려고 그 전조로서 우선 보물을 지참하였습니다. 아무쪼록 수납하여 주십시오."

위나라의 임금은 크게 기뻐하며 신하들을 모아놓고 축하연을 베풀었다. 위나라는 소국이고 진나라는 국력도 국토의 크기도 엄청난 차이였다. 그런 대국에서 예를 갖추어 선물을 보내왔으니 기뻐하는 것도 무리가 아니다.

신하들은 모두 입을 모아 축하를 하였다.

그런데 남문자라고 하는 가신은 축하는커녕 이렇게 충고했다.

"이유가 없는데 선물을 보내고 공적이 없는데 상을 준다는 것, 이 모든 것은 화근의 징조이옵니다. 진과 위나라와의 힘의 관계를 말하면 이쪽에서 예물을 올려야할 것을 저쪽에서 보내왔습니다. 이것은 안심해서는 안될 일입니다."

"흠, 그것은 지당한 말이오."

위나라는 곧 국경을 견고하게 가다듬었다.

실은 이 선물은 진나라의 지백의 모략이었다. 지백은 먼저 보물을 선사하여 안심을 시켜놓고 이어서 군마를 선물로 가장시켜 보내면서 일거에 위나라를 침략하려 했던 것이다.

때를 보아서 국경 가까이까지 말을 집결시킨 지백은 뜻밖에 수비가 공고한 것을 보자, 모략이 탄로난 것을 깨닫고 군사를 되돌렸다.

이것도 역시 부자연스러운 현상으로 그 장애를 예견한 예이다.

무엇이 자연스럽고, 무엇이 부자연스러운가 하는 것은 역시 문제지만 어쨌든 부자연한 일이 있으면 경계하는 것이 상책이다.

또 한가지, 이것은 사족이 되었으나 '징조'에 의하여 변화를 볼 경우에 주의를 환기할 문제는 장기의 변화와 단기의 변화를 혼동해서는 안된다는 것이다.

가령 내일의 날씨가 어떤가를 볼 경우의 '징조'와, 한 해의 기상을 볼 때의 '조짐'은 스스로 다를 것이다. 하늘의 한 구석이 갑자기 흐려서 비구름이 몰릴 때는 곧 비가 올 것이라는 '조짐'은, 그렇다고 그 때문에 한 해 동안 내쳐 비가 오리라고 생각하는 사람은 없을 것이다.

—현자는 그 큰 것을 알고, 불현자는 그 적음을 안다.

현자냐 불현자냐 하는 것은 차치하고 사람은 저마다 보는 사람의 입장과 마음의 동향으로 '조짐'을 판단하는 태도 차이가 있다.

장기 예견을 하려면 작은 일의 낱낱 현상을 '조짐'과 착각해서는 안된다. 거꾸로 단기적인 예견을 하려고 할 때는 그 나름의 '조짐'이 있는 법이다.

그것을 판별하는 것은 본시 쉬운 일은 아니다.

五

내면적 사고와 선수필승법

權謀術數

이상에서 보았듯이 조금이라도 부자연스러운 일이 있었을 경우에는 '징조'를 알 수가 있고 예견할 수가 있다. '아니, 이상하군. 무슨 까닭일까?'라고 실마리를 찾아보면 알게 된다.

그런데 표면적으로는 이변이 보이지 않을 경우가 있다. 이에 대해서 권모술수의 인사들은 매우 독특한 판단을 하고 있다.

그것은 부정적인, 곧 음성적인 방법으로 보는 수법이다. 달리 말하면 역설적으로 본다고 할까, 어쨌든 뒤집어놓고 보는 법이다.

간단한 예를 들어보자.

초나라의 장왕은 진이라는 소국을 공박하려고 첩자를 파견하여 그 국정을 살펴보게 했다. 드디어 첩자가 돌아와 보고했다.

"진을 공격해서는 안되겠습니다."

"무엇 때문인가?"

"성벽은 높고, 물웅덩이는 깊고, 방비는 엄중합니다. 게다가 전쟁의 양식과 마구풀은 충분히 저축되어 있습니다."

그 말을 듣고 장왕은 빙그레 웃음을 지었다.

"음, 그렇다면 진나라를 칠 수가 있어."

"무슨 말씀이옵니까?"

"진에게 멸망의 징조가 있단 말야."

"……?"

"그래도 모르겠는가. 진과 같은 작은 나라에서 싸움의 양말을 그렇게 쌓아놓았다고 한다면 필경 연공을 마구 거두어들여서 백성은 임금을 원망하고 있을걸세. 또 그 나라에서 성벽을 높이 쌓고, 물길을 깊이 팠다면 필경 많은 백성의 노역으로 심한 불평과 모두 피로에 지쳐 있을 것이다."

과연 장왕은 군사를 발동하여 진나라를 쳐부수었다.

애당초부터 중국인은 일면적으로는 사물을 보지 않는다. 앞에서도 언급했듯이 양이 있으면 음이 있고 음이 있으면 양이 있다는 양면적 사고법을 취했다. 더구나 양도 음도 고정된 것이 아니고 양은 음으로, 음은 양으로 변전하게 되어 있다. 사물은 반드시 변화한다는 생각이 그것이다. 그래서 앞을 예견하는 경우에 다음과 같은 요령이 생겨나는 것이다.

—현명한 사람이 무엇인가 일을 하려고 할 경우에는 사전에 충분

한 예견을 한다. 만약 현상이 만족한 경우에는 스스로 자기를 낮추려고 생각하고, 평지에는 깎아세운 산을 생각하고, 안정되었을 경우에는 뒤집혔을 경우를 생각하고 굽어 있으면 바른 경우를 생각한다. 이와 같이 모든 경우를 상정하는 것이 불의의 사고에 대비하는 것이다. 이렇게 하면 무슨 일에서든 실패하는 일은 없다.

말하자면 표면에는 반드시 이면이 붙어 있을 것이고, 그것을 쉽사리 뒤집을 수가 있는 것이라고 미리부터 생각하고 그 대책을 세워둔다. 양면사고의 선수필승법이다.

일면적인 더구나 고정적인 사고방식으로는 이러한 판단은 할 수가 없다.

초나라가 오군과 불과 30리를 사이 하고 서로 대진하였을 때의 일이다. 계속 내린 비로 적과 편, 양쪽이 모두 이용을 할 수가 없을 때의 일이다. 그러나 10일째의 밤이 되자 겨우 날이 개이고 별이 보였다.

그러자 좌사 즉 기록담당관인 기상이 초나라의 장군에게 말하였다.

"비가 열흘이나 계속하고, 동작을 할 수 있었다는 것은 그동안에 적도 충분히 휴식을 취했다고 할 수 있습니다. 필경 오군은 야습을 해올 것이 틀림없습니다. 대비책을 세워두는 것이 상책일 것 같습니다."

대열을 정비하고 있으니 과연 오군이 쳐들어왔다. 그러나 초군의 방비를 보고 그대로 돌아갔다. 그러자 기상은 말했다.

"이번에는 이쪽이 추격을 해야 합니다. 적은 왕복 80리로 아마 쉬거나 식사를 하고 있을 것입니다. 우리 쪽은 30리를 달리면 족합니다. 피로의 차이가 있지 않습니까."

그래서 초군은 오군을 추격하여 이를 격퇴했다.

六

인생의 뜻을 깨달은 '달통한 사람'

權謀術數

이 양면적 사고법은 단기적인 예견보다도 장기적인 선견이 위력을 발휘한다. 음과 양의 변화는 길고 곡선을 그리기 때문이다. 특히 인생이라는 개별단위로 앞을 내다볼 경우는 낱낱의 조각보다, 같은 일시적인 조짐에 현혹되지 말고, '화복은 꼬아놓은 쐐기와 같다'는 사고방식으로 앞을 내다보아야 한다. 화는 복이 되고, 복은 화가 된다고 생각하고 있으면 틀림이 없다.

춘추전국시대에는 극히 개성적인 많은 인물이 활약하고 있었으나 월나라의 범려 같은 사람은 이런 의미에서는 인생의 앞을 간파한 달통한 인물이라고 하겠다.

그는 월나라 임금 구천을 보좌하여 숙적인 오나라를 멸망시킨 명신이다. 그는 이십수 년의 간난신고를 이기고 임금인 구천이 천하제패의 야망을 달성하고 패자가 되었을 적에 그 자신도 상장군으로 임명되지만 고국으로 개선하자 곧 스스로 사직하고 말았다.

'높은 명성을 오래 보유하기는 힘들다.—대명 아래에는 오래 머물러 있기가 힘들다.'라고 생각한 것이다.

고래로 재물과 명예를 탐내어 그 한계를 모르고 헛되이 목숨을 잃어버린 인물은 한량이 없다. 특히 창업기에는 주종이 일체가 되어 고락을 함께 하다가 공을 이루고 이름을 떨친 후에는 다시 서로 세력다툼으로 상해하게 되는 예는 얼마든지 있다.

범려는 이러한 사태를 미리 예견하고 있었다. 그는 사직한 후에 바닷길로 제나라로 이주를 하였다. 오늘의 산동성이다. 그곳에서 그는 이름을 바꾸고 농경을 시작하였다. 몇 해 지나지 않아서 그는 거액의 돈을 벌었다.

그 평판이 제나라의 서울에까지 전해지자 그에게 재상으로 취임하라는 간청이 왔다.

"명예는 화의 근본이다. —오랫동안 존명을 받는 것은 불쌍하다."

고 하여 이번에는 재산을 친구와 마을 사람에게 나누어 주고 특히 중요한 재보만을 챙겨서 몰래 제나라를 탈출하여 버렸다.

도나라로 이주한 범려는 재차 이름을 바꾸어서 농경과 목축 그밖에 무역 따위에도 손을 대고 다시 거액의 돈을 쌓게 되었다.

이름이 떨쳐지면 그때는 또 그만두고 성공을 하면 떠나버린다. 그 때마다 거듭되는 변신술은 화와 복을 투시하고 있는 인생을 깨달은 달통한 사람이라고 하지 않을 수 없다. 다만 그렇다고 범려와 같은 예견이나 세상을 보는 선견지명은 반드시 좋다고 할 수는 없다. 그 시대의 국가와 사회의 사정에 따라 생각할 점이 없지 않다. 다만 인생에서 너무 앞을 예견하려다가 오히려 당장의 일을 망칠 수가 있다. 어중간하게 머리가 좋은 사람보다도 다소 둔한 사람이 이것 저것 생각하지 않고 일하다 보면 큰일을 성취할 수가 있다. 차라리 무턱대고 돌진하는 편이 괴로워하거나 전후좌우의 눈치를 맞추는 것보다는 과감한 일을 할 수 있다. 그 나머지는 제각기의 성격이나 기호의 문제일 뿐이다.

제4장

사람을 움직이는 병법

병법은 고대중국에서 발달한 '전쟁의 철학'이다. 그러나 싸우지 않고 이기는 것을 이상으로 삼고 있다.

그 안목은 적이든, 자기편이든 사람을 움직이는 법에 있다. 더구나 힘으로가 아니라 상대의 가는 방향을 움직이게 해야 한다. 권모술수에 의한 사람을 움직이는 방법은 이것을 활용한 것이다.

시형의 술수

權謀術數

"상대를 움직이려면 상대가 움직이도록 유도를 해야 한다. 그러한 상황을 만들어주면 상대는 스스로 자진해서 그렇게 움직일 것이다. 상대의 탐스러운 것을 보면 상대가 취하려고 할 것이다. 이쪽은 준비를 갖추어 놓고 기다리고 있으면 된다.—능히 적을 움직이는 자는 그 형세를 취하면 적은 반드시 그 형세를 따르게 되며, 적에게 대책을 맞추면 반드시 적은 그것을 취하게 된다. 이로써 이를 움직이고, 그후에 준비를 끝내고 이를 대기한다."

이것이 '시형의 술'이다. '형'을 제시하고 강제로 하지 않고 사람을 움직이는 법이다. 더구나 순순히 자기의 의견을 듣는 상대가 아닌,

적대하는 상대조차도 마음대로 움직이려고 한다. 두려워해야 할 이 원격조작이야말로 '병법의 오의'라고 하겠다.

이 병법을 거리로 언급한 이야기를 소개하겠다.

기원전 5세기 중엽까지 오늘의 산서성 일대를 지배하고 있던 진이라는 나라가 있었다. 태행·여양의 2대산맥이 가로지르고 있는 산악의 나라다. 옛날부터 '산세가 기구하다'고 형용되리 만큼 교통이 곤란한 지역이다.

그 서북쪽에는 지금으로 말하면 소수민족, 그 당시로는 이적의 나라들이 있어서 그중에도 구유라는 나라는 여간 강하지 않았다.

그런데 진나라의 지백이 이 구유국을 정복하려고 생각하였다.

그러나 그 나라로 통하는 길은 사람만이 겨우 통할 수 있는 험로였다. 그 당시 중국 중앙부의 선진 제국에서는 말이 끌게 하는 병기차가 전쟁의 주력이었다. 이렇게 험한 산길로서는 정예를 자랑하는 지백의 군사도 전차를 통과시킬 수가 없다. 그렇다고 상대의 나라를 쳐들어가면서 작은 나라에 대해서 길을 넓히라고 말할 수는 없다.

지백은 한 가지 묘안을 착안하였다. 즉 거대한 종을 주조하여 구유에게 선물을 했다. 종이라고 하는 물건은 옛날 중국에서는 악기의 역할을 하였다.

지백의 사자로부터 이 전갈을 받은 구유의 임금은 크게 기뻐했으나, 국경에서 서울까지의 좁은 산길로는 이 종을 운반할 수가 없었다. 왕은 서둘러 산길의 폭을 넓히는 공사를 하였다. 마을에서는 부역이 출동하고 좁은 산길은 즉각 쉽게 수레가 지나갈 수 있도록 개수되었다. 그 준공을 기달리고 있던 지백은 전차의 대군을 파견하여 즉시 구유를 멸망시키고 말았다.

이 고사는 단순히 술수를 써서 적을 기만했다는 정도로 해석할 것이 아니라 사람을 움직이는 데 기본적인 원리를 포함하고 있다. 즉 상대를 멀리 떨어져서 조종하면서 이쪽이 의도하는 방향으로 나아가도록 만드는 원리이다.

지백은 구유국에 대해서 하등의 강제도, 명령도 한 것은 아니다. 그럼에도 상대방은 전혀 자발적으로 희희낙락하게 지백이 원하는 대로 움직여준 것이다.

다만 이 경우에는 상대를 사기에 걸었으나 구태여 사기수법을 써야만 되는 것은 아니다. 상대를 자발적으로 그러한 마음이 동하도록 시키기 위하여 그 동언을 찾으면 된다.

현대의 심리학이나 행동과학에는 '동기작동'이라는 이론이 대두되고 있다. 그리고 교육이나 관리의 영역에서는 이 이론을 응용하여 자발적으로 행하는 마음을 일으키게 하는 것이 중요시되고 있다. 근대 과학과 2천수백 년 전의 병법의 이론이 '만나게 된' 셈이다.

말할 것도 없이 가장 손쉽게 사람을 움직이는 것은 강제적 명령이다. 그러나 그래서는 어디까지나 상대는 표면적으로 움직일 뿐이며, 그것도 일시적인 것에 지나지 않는다. 또 비록 그것으로 용하게 움직일 수가 있었다고 하더라도 명령 이외의 사태가 일어나면 대응할 수가 없다. 군대와 같이 절대적 명령을 가지지 않고 더구나 사원의 자주적인 임무수행을 필요로 하는 기업의 인사관리가 최근 이 '동기작동'에 관심을 기울이게 된 것은 무리가 아니다.

어찌 되었든 오늘날 사람을 채찍과 사탕만으로, 진정으로 움직일 수는 없다는 데서 인간의 행동을 일으키고, 방향을 갖게 하고, 지속시키는 '동기'의 연구가 각광을 받게 된 것이다.

동기의 연구가 발전할수록 온갖 다른 문제가 밝혀졌다. 가령 현대인의 행동의 최대의 동기는 금전에 있다고 일컬어지고 있으나 반드시 그것만이 아니라는 것도 중시하게 되었다. 하긴 1만 원을 받는 문제가 시비곡절 끝에 10만 원의 소송비용을 걸고도 시비를 계속하는 일도 있으니 말이다. 어떻게든지 먹을 수가 있다는 상태하에서는 '월급'의 많고 적고보다도 '보람'이 있는 일을 하고자 하는 마음이 더욱 압도적으로 강하게 되어 있는 것은 작금의 젊은이에게 공통된 현상이다.

미국의 심리학작 A·H·매즈로(1908~70)는 '동기'의 연구로 유명하지만, 그는 인간의 기복적인 욕구를 다섯 가지로 나누고 있다.

우선 가장 강한 욕구가, ①생리적 욕구이다. 이것이 어느 정도 충족되면 다음은, ②안전과 안정을 바라는 욕구이다. 이렇게 해서 다음 순서는, ③집단의 한 사람으로서 수용받고 싶은 욕구이며, ④주위에서 존경받고 싶은 욕구다. 끝으로 ⑤자기표현의 욕구라는 순서다. 이런 것들이 얽히고설켜서 동기가 되고 행동을 일으킨다.

흔히 있는 애기로 상대방이 금전을 원하고 있다고 하더라도 먹기 위한 것인가, 금전으로 획득할 수 있는 또는 상징되고 있는 지위나 명예를 위함인가, 그 여하에 따라서 효과적으로 주고받는 방식이 다른 것이다.

실은 심리학이나 행동과학에서 이론적으로 해명된 일이 2천수백 년 전의 고전의 세계에서 경험에 의하여 파악되고 있었다.

한비자도 이미 2천3백 년 전에 동기작동에 관한 연구를 하고 있다. 그는 군주의 입장에서 백성의 동기작동을 위해서 ①이익, ②권위, ③이상의 세 가지를 들었다. 백성은 이 세 가지의 욕구에 의하여 움직여진다고 다음과 같이 말하고 있다.

—현명한 군주가 정치의 수단으로 삼은 것에 세 가지가 있다. 첫째는 이익, 둘째는 권위, 셋째는 이상이다. 이익으로 민심을 끌고, 권위로써 명령을 지키게 하고, 이상[대의명분]에 의하여 통일을 도모한다. 이 세 가지가 기본이며 그밖에는 부수적이다.

더욱 한비자는 정치에서 동기작동이라고 할 수 있는 견해의 여러 가지를 후세에 남기고 있다. 그것이 곧 '시형의 술'의 이론적 근거라고 할 수 있다.

—자연의 이치에 따라서 하면 노력을 덜하고 사람을 움직일 수가 있다.

—어떤 남자가 수레를 끌고 태고교를 건너려고 했으나 급해서 올라갈 수가 없었다.

사나이는 수레의 손잡이에 걸터앉아서 노래를 부르기 시작했다. 그러자 통행인이 모여들어서 밀고 끌고 하여 수레는 자연스럽게 다리를 건넜다.

—천하를 다스리는 데는 반드시 인간의 심리에 근거를 두어야 한다.

고래로 통솔자들은 부하의 '인심장악'에 비상한 노력을 기울였다. 현대에서도 '장'이라고 이름이 붙는 사람들의 고심은 3천 년 전의 옛날과 그렇게 다르지 않다. 아니 현대는 옛날과 달라 명령 하나만으로는 처리되지 않기 때문에 '여보게, 어때. 잘 되는가.'라고 어깨를 한 번 두들기는 일에서 비상금을 털어서 목로집으로 데리고 가는 일까지 온갖 고생이 뒤따른다.

그렇다고 어깨를 치거나, 술을 사준다고 다 되는 것은 아니다. 진정으로 상대의 마음을 포착하는 것이 아니어서는 단순히 마시게 하는 것, '동기'를 만드는 일에는 부족하다.

이렇게 기법만으로는 마음을 잡을 수가 없다. 낡은 말이지만 성의가 쓸모로 등장한다. 그것도 뚜렷이 형태로 나타난 성의가 필요하다.

제의 재상 맹상군은 찾아온 사람과 얘기를 나누면서 슬쩍 상대의 부모형제에 관한 메모를 해두었다가 당사자에게는 말도 없이 그 부모형제에게 선물을 보냈다고 한다. 부모형제의 소식으로 그 사실을 알게 된 당사자는 감격하여 모두 맹상군을 지지하게 된 것은 말할 나위도 없다.

또 위나라의 장군 오자는 종을 앓고 있는 병사의 고름을 빨아 주었다. 그 병사는 전장에 나가자 적의 앞에서 일보도 후퇴하지 않고 끝내 전사하고 말았다.

二

'오월동주의 계략'과 '배수의 진'

權謀術數

—오나라와 월나라는 서로 원수지간이지만 양국의 사람이 같은 배에 타고 폭풍을 만나서 배가 위태롭게 되면, 좌우의 손과 같이 서로 돕게 될 것이다.

오나라는 현재 소주 부근에 있었고, 월나라는 그 남쪽 항주만에 연한 소흥 부근에 각각 있었던 나라이다. 기원전 6–5세기의 이른바 춘추시대에 이 두 나라는 서로 사투를 거듭한 관계로 '오월'이란 두 글자는 '상극 대립'의 대명사가 되었다.

이같이 서로 원수지간이라도 공동의 위기에 처해서는 협력한다는 고사에서 더욱 나아가, 일부러 그러한 위기적인 상황에 몰아넣어서 협력관계를 조성하는 전술을 '오월동주의 계략'이라고 말하게 되었다.

내부의 대립이 심하여 조직의 운명이 파괴된 경우에도 '오월동주의 계략'을 사용하여 좀더 강대한 적, 혹은 공동의 위기를 부각시켜서 대립의 해소를 도모할 수가 있다. 다만 이 경우에는 대립하고 있어서는 함께 쓰러진다는 것을 상대방에게 십분 깨닫게 하지 않으면 안된다. 그러나 한쪽이 자기의 권력유지만을 위해 상대의 생존권을 위협하는 경우는 기만적 술책이 되고, 한쪽만이 적에게 내통하는 따위 술책은 결국 대립항쟁을 격화시킬 뿐만 아니라, 스스로 자멸을 초래한다.

이 '오월동주'와 유사한 난세의 돌파술에 '배수의 진'이라는 것이 있다.

병법에서는 결코 강을 등에 지고 포진해서는 안된다고 일컬어지고 있다. 그것은 후퇴의 여지가 없기 때문이다.

그런데 한나라의 명장 한신은 기원전 205년, 조나라의 대군과 싸웠을 때 황하를 배경으로 하고 포진하여 적을 맞아 싸워서 대승리를 거두었다. 즉 1만 명의 군사로 20만 명의 적을 섬멸한 기록적인 전투였다.

조나라 군사는 처음에 한군의 무모한 포진을 보고 비웃기도 했으나, 스스로 탈출로가 차단된 한나라 군사의 맹렬한 결사적 전투력과 전술에 의해 조나라 군사는 복병의 협공으로 마구 무너지고 말았다.

전쟁이 끝난 후에 부하의 장군들이 한신에게,

“이런 병법이 있습니까?”

하고 물었다. 한신은 대답했다.

“그건 병법에 엄연히 들어 있지만 당신들이 찾지 못하고 있을 뿐이오. ‘손자’에는 ‘궁지에 쫓겨야만 비로소 활로가 열린다.’라고 하지 않았소. 이번 전투에 참가한 우리 군사는 갑자기 편성했기 때문에 제대로 훈련이 안되어 있소. 말하자면 오합지중이니, 쉬운 곳에서 전투를 시키면 아마 모두 도망쳤을 것이오. 궁지에 몰렸기 때문에 자발적으로 사력을 다하여 싸울 수 있었소.”

이 사력을 다하는 것이 승리에 필수하다는 것은 불이 났을 때 평소에는 들 수 없었던 무거운 물건을 움직이는 이치와 맞먹는다.

—죽음을 각오하면 살고, 삶을 누리려면 죽는다.

오자는 이 원리를 실천하여 자기보다 10배가 되는 적을 격파한 일이 있다. 즉 오자가 초나라에서 발탁되기 이전에 위나라의 무후에게 일을 보던 때의 일이다. 이웃 나라 진국이 50만 명의 대군을 이끌고 쳐들어온다는 급보가 들어왔다. 위나라와 진나라는 항상 충돌을 거듭해 왔으나 이번 사태는 심상치 않았다. 임금은 당황하여 장군인 오자를 임지의 서하에서 불렀다.

“오자여, 우리 나라에는 50만의 대군과 마주 싸울 힘은 도저히 없는데 어찌하면 좋겠소?”

오자는 침착하게 대답했다.

“50만쯤은 놀라실 것 없습니다. 우리 군사 5만만 있으면 됩니다. 다만 지금까지 별로 공적이 없었던 사람만 모아 주십시오.”

‘공이 있는 자’가 아니라 ‘공이 없는 자’가 좋다고 한다. 위나라에서는 평소부터 오자의 건의에 따라서 엄격하게 공적평가법을 취하고 있었다. 가령 싸움이 끝난 후에 연석을 베풀면 사대부를 세 줄로 나누어, 신분에 관계없이 맨 앞줄에는 최고의 공적자를, 다음은 중간치를 앉히고, 공적이 없는 자는 맨 후열에 앉혀서 요리상과 그릇까지도 차별을 했다고 한다.

이 오자의 말을 순간 임금은 자기가 잘못 들었는가 의심을 했다. 누구의 평가도 못받는 '공이 없는 자'만을 모아서 어찌하겠다는 것인가? 그러나 오자가 노리는 것은 지금까지 아무에게도 평가를 받지 못한 사람의 굴욕감을 역용하자는 것이 그 속셈이었다.

"필경 그들은 사력을 다할 것이다. 한 사람이 죽음이 싫어서 미친 듯이 산으로 도망치면 천 명의 토벌대가 애를 먹습니다. 나는 굴욕을 풀겠다는 5만 명을 이끌고 사력을 다하는 힘을 발휘토록 하겠습니다."

임금은 고개를 끄덕이고 5만 명에게 병차 5백, 기병 3천을 동반시켜 출진케 했다. 그들은 결국 50만 진군을 격파하였다.

그러나 오자 자신이 이때 다소 불우한 처지에 밀려 있어서 그 자신의 심정과 행동이 바로 이 '배수의 진'의 작전에 이용된 것으로 여겨지고 있다.

우리나라 조선의 이순신 장군의 한산대첩도 그가 이미 죽기를 각오한 처지였다고 볼 때 역시 '배수의 진'의 전술에서 성공했다고 보아 무방하다.

이순신 장군에 대한 정사로서의 처리는 개인의 입장을 무시하고 있지만, 경영학으로 볼 때는 '인사관리의 함정'이 있었다고 보아야 하겠으며, 문학적으로 보면 인간관계의 허무함과 관리사회의 무참과 무책임을 말할 수 있는 것이 이 경우이다.

'배수의 진'은 하여튼 평소의 능력을 100퍼센트, 아니 120퍼센트로 발휘할 수 있는 책술이지만, 역학적으로 볼 때는 압축된 에너지의 폭발력을 이용하자는 것이다.

"고양이도 달아날 구멍을 보고 쫓아라"라는 우리 속담이 있다. 막다른 골목에 몰리면 사람이나 짐승은 콤프레셔(압축기)의 역할을 하게 된다.

그러니까 거꾸로 얘기하면 술책상으로는 '막다른 골목에 적을 몰지 말라'는 역설의 술책도 아울러 생각해 두는 것이 현명하다.

三

대세를 이용하는 술책

權謀術數

—싸움 잘 하는 군은 개개인의 능력을 말하기보다는 세력의 작용을 중시하고, 그 세력에 의하여 전체가 움직이게 한다.

어떤 집단에도 소수의 이질분자·반대분자는 있다. 그러한 이질분자의 존재에 대해서 정신을 팔고, 그 처리에만 골몰하다 보면 전체의 움직임이 정지되거나 흔들리고 만다.

그보다도 아주 이질분자의 존재는 무시해 버리고, 전체의 대세를 유리하게 조성하여 나가도록 노력한다. 어떤 집단에 기세가 오르고, 한 가지 방향으로 격하게 동하면 다수는 소수의 이질분자나 회의적인 존재가 있어도 염려는 없다는 것이 이 술책이다.

전투의 경우에 비추어 말하면 누구나 죽음을 두려워하지만 부대의 행동에 기세가 오르고 있을 때는 그러한 공포심이 희박해지고 비겁자도 당장에 용사가 된다.

크게 말하면 지배자가 여론을 꾸며내어 때의 흐름을 조작하여, 그가 의도하는 방향으로 대중을 끌고 가려고 할 때 이 '대세를 이용하는 술책'을 쓰게 된다. 이에 대해, 야당이나 반체제 측도 자기들이 유리한 '시류'를 만들어내야 하고, 만들려고 하며, 또 만드는 자유를 쟁취해야 한다.

한마디로 '흐름'이라는 것은 무서운 힘을 지니고 있다. 손자도 말했지만 '격류가 암석도 뜨게 하는 것'은 흐름의 힘이다.

이 술책에서 특히 유의할 것은 대세를 소각하기 위하여 특정의 인간을 선발하거나, 매스컴 기타 모든 동원 가능한 대상을 액티브하게 내세우는 술이다. 즉 대세는 무에서 만들어진 것이 아니다. 움직이기 시작하면 관성의 작용에 의하여 세력이 이루어져도 우선 그것을 시동시키는 원동력과 그것을 지속시키는 추진력을 맡는 인간과 도구가 필요한 것이다.

이 인물을 선택하는 이유는 전체를 한꺼번에 움직이려고 해도 힘이 드니까 그 포인트를 조종하는 역할을 산출케 하기 위함이요, 일단 일이 추진되면 뒤는 어느 정도 저절로 움직이는 수도 있다.

이런 말도 있다. "나뭇잎을 하나하나 당겨도 피로할 뿐, 나무는 흔들리지 않는다. 그 밑둥을 흔들면 지엽은 따라 움직"인다.

대세의 동향에 대해서는 그 속의 개개인을 먼저 잘 판단해야 한다.

四
동기와 타이밍의 이용법

權謀術數

—불을 댕기려면 가장 적합한 시간을 선택해야 한다. 말하자면 공기가 건조할 때가 바로 그때이다.

이 말은 《손자》의 병법에 있는 화공술의 한 대목이다. 사람의 마음에 불을 지를 경우도 같은 말을 할 수가 있다. 곧 일을 시작하는 동기와 시기에 따라서 상대의 반응은 전혀 다르다.

상대의 마음이 발화하기 쉬운 상태에 있을 때는, 적은 자극으로도 불타오를 수가 있다. 반대로 발화하기 어려운 상태에 처해 있을 때는, 아무리 불을 댕기려고 해도 불은 타오르지 않는다.

사람을 다루려면 이 동기와 타이밍의 효과를 생각할 필요가 있다.

초나라 총신에 단이라는 인물이 있었다. 이렇다 할 공로도 없고,

잘 생긴 것도 아닌데 요행히 높은 지위에 오를 수가 있었으나 어느 날 강을이라는 책사로부터 이런 충고를 들었다.

"물질을 매개로 한 교제는, 그 물질이 없어지면 끝장이 나고, 색향으로 맺어진 사이는 꽃이 시들면 인연도 끊어진다. 애첩이든 충신이든, 인간의 관계는 참으로 허무한 것이오. 당신은 지금 권세를 자랑하고 있습니다만 임금의 마음이 변하면 끝장이오. 임금과의 결합을 더 돈독히 해두시오."

"으흠, 그럼 어떻게 하면 되겠소."

단이 묻자, 강을은 대답했다.

"앞질러, 임금이 만약의 경우에는 자기도 순사하겠다는 소원을 말해 두시오. 그렇게 해둔다면 아마 절대 염려 없을 거요."

"옳은 말씀이오. 나는 삼가 그 말을 지키겠소."

단은 이렇게 대답은 했으나 3년이 지나도록 순사를 진언한 눈치가 보이지 않았다. 강을이 하루는 궁금했다.

"당신을 위해서 말씀하는데, 별 도움이 되지 못한 것 같군요. 나같은 사람이 말하니 소용이 없나 보군요."

이렇게 노골적인 불평을 털어놓자, 단은 대답하였다.

"결코 당신의 가르침을 소홀히 한 것이 아닙니다. 다만 그 호기를 얻을 수가 없었을 뿐이오."

얼마 후였다. 초왕은 운몽이라는 호소지대에서 사냥을 하였다. 현재의 무한 근교 지역, 양자강과 한수가 합치는 곳이 되어 크고 작은 호수가 많아서 문자 그대로 꿈 같은 명승지이다.

네 마리 말이 이끄는 마차가 천 대나 들을 메우고, 가지각색의 깃발과 잡은 짐승의 모습이 눈을 끌었다. 임금은 자기도 큰 들소를 쏘아서 한창 만족한 심정으로, 황홀한 기분에 잠겨 문득 중얼거렸다.

"정말, 유쾌하군. 그러나 저승에서는 이러한 즐거움이 있을까?"

바로 그때 측근에 있던 단은 앞으로 나아가서 눈물을 띄우면서 말했다.

"신하는 오늘날까지 임금의 곁에서 받들어 모셨습니다. 저승이라는 곳에는 반드시 함께 가서 사냥의 시중을 들고자 합니다."

임금은 크게 기뻐하며, 즉시 단에게 영지를 나누어주고 안능군에 봉했다.

이것은, 강을은 음모를 잘 꾸미고 단은 그 때를 아는, 두 사람의 공동 이야기라고 하겠다.

지금 세상에는 순사라는 풍습은 없지만 죽음을 맹세한다는 말은 흔히 사용된다. 그러나 그 당시로서는 임금의 마음을 울리는 절호의 기회이다. 현세에서 즐거움의 절정을 누릴 때 문득 죽음의 불안과 고독감을 느끼는 것은 비단 임금이 아니라 사랑하는 부부 사이에도 있을 수 있다.

그때 한마디 "당신과 함께 죽고 싶소"라고 던지면 저녁상에는 진수성찬이 나올 것이다.

매사는 그 때와 용기가 중요하다는 것은 새삼 말할 것도 없지만 역시 유의할 처세훈이다.

五

범인을 자수시키는 법

權謀術數

초나라의 쿠데타에 얽힌 이 이야기는 말하자면 음모의 원형에 해당된다. 이것을 좀 더 복잡한 것으로 만들면 권모술수와 같은 것이 만들어진다.

정적 때문에 암살된 사나이의 얘기를 하겠다.

기원전 4세기, 전국시대의 한창때 일이다. 권모술수의 대가로 이름이 알려진 소진은 누구나 잘 아는 사건의 주인공이다. 그것은 합종연형이라고 하는 외교정책을 꾸민 장본인으로서, 무미건조한 역사책이나 한문서간에는 생색을 내는 사람이며, 흥미진진한 고대사의 주인공의 한 사람이다.

그가 "닭 벼슬을 차지 않는 인물이 될지언정, 소꼬리가 되는 인물은 되지 말라"고 하여 약소국의 군주를 북새질한 것은 동양사를 조금만 공부한 사람이면 누구나 아는 내용이다.

그는 전국시대의 여러 나라를 찾아다니며 강대한 진나라에 대항하기 위한 동맹을 추진하고 있었으나 마지막으로 다른 곳은 제나라였다. 제나라는 오늘의 산동성 일대에 해당하는 해산물이 많고 풍족한 대국이었다.

여기서 소진은 과객의 대우를 받았다. 그 대우는 '객경'이라는 칭호로서 말하자면 장관 격의 고문이다. 그 당시는 오늘보다도 인재교류가 자유로워져 타국인이라도 높은 지위에 앉을 수 있고 또 다른 나라의 장관을 겸할 수도 있었다.

마침 여러 나라의 내정에 자상한 소진은 쉬이 왕의 마음을 사로잡았으며 매사에 상담을 맡게 되었다.

제나라의 고관들은 이 때문에 마음이 언짢았다.

어느 날 소진은 누군가의 습격을 받고 중상을 입고 말았다. 그를 시기한 고관의 그 누군가가 시킨 자객 때문이라고 추측은 했으나 범인은 모습을 숨기고 잡을 도리가 없었다.

소진의 용태는 악화되어, 운명의 시간이 다가오고 있었다. 병 위문을 온 임금을 향하여 임종을 앞둔 소진이 입을 열었다.

"범인을 찾아낼 방법이 있습니다. 해 주시겠습니까?"

"음, 그래요. 해 드리고 말고……."

"제가 죽거든 '소진은 연나라의 첩자였다는 것이 판명되었다'고 포고하여 주십쇼. 그리고 나의 시체를 수레에 묶어 찢는 형에 처하고 거리에 내놓으십시오. 그렇게 하면 반드시 범인을 잡을 수가 있을 것입니다."

얼마 후에 그는 절명하고 말았다. 임금은 그의 유언대로 행하자 과연 범인이 자진해서 나타났다. 상금을 탈 수 있을 것으로 생각한 모양이다.

임금은 즉각 그 사나이를 잡아서 처형하였다.

이것은 소진이 죽은 후에도 남을 움직여 범인을 잡는 술수의 한 방법이다.

(물론 역사의 후일담에는 소진이 정말 연나라의 첩자였다는 일설도 있지만, 어쨌든 자기의 원수를 잡아서 보복한 한 계책의 가치는 있다)

소진이 살아서 고관들의 시기를 방지할 수 없었다는 것은 어떤 권모술수의 대가에게도 끝장은 있다는 것과, 흔히 말하기를 '천려일실'이라는 어휘로 설명할 수가 있는 것이다.

제5장

일석이조의 비모

적은 노력으로 더 많은 이익을 손에 넣기 위해서는 온갖 연구가 진행되고 있으나, 동시처리나 일괄처리의 법칙에 입각해서 몇 가지의 목적을 한꺼번에 달성하는 방법—즉 일석이조의 술책도 그 한 가지이다.

그럼 일석이조, 나아가서 세 마리를 쏘아 떨어뜨리는 데는 어떤 방법이 있는가. 두 발에 짚신을 신듯이 어느 쪽에 기울어져도 이득이 되도록 하려면 어떻게 하면 좋을까?

一

적의 동지를 함께 쓰러뜨리다

權謀術數

한나라가 남양의 전투에서 위나라의 침공을 받자 한왕이 제나라에 구원을 청했다. 제왕 전후는 중신들을 모아놓고 계책을 세웠다. 그래서 조정에서는 아침 회의가 열렸다.

"곧 구할 것인가, 아니면 어느 쪽을 택하는 것이 좋겠소?"

장관의 한 사람인 장개는,

"천천히 구하면 한나라는 깨져서 위나라에 항복할 것입니다. 즉각 구하는 것이 상책일 것입니다."

하고 말하자, 전신사라는 사람이 반대를 했다.

"그것은 안될 일이오. 도대체 한·위 양군사가 지치기 전에 구출하러 나선다면 이쪽이 한나라 대신에 위군의 공격을 받을 것이오. 게

다가 애당초부터 위나라는 한나라를 파하려는 숙원이 있습니다. 한나라는 망하리라고 판단하면 기필코 동쪽의 제나라에 호소할 것입니다. 그러니까 몰래 한나라와 친교를 맺고 천천히 위나라가 지치는 것을 보고 그 틈을 타는 격으로 일을 꾸민다면 나라는 신중을 더하고 이득을 얻을 뿐더러 그 이름도 존경을 받게 될 것이옵니다."

하고 말하자 전후는,

"그렇군, 그래."

하고 끄덕이었다. 몰래 한나라의 사자에게 승지의 뜻을 고하여 돌려보냈다. 한은 이미 제나라는 자기편으로 지레 짐작을 하고 다섯 번 싸워서 다섯 번을 패하여 동쪽 제나라에 호소했다. 그제야 제나라는 군사를 보내 위나라를 치고 마릉, 곧 제의 지방 땅에서 마구 적을 무찔렀다. 위나라 군사는 패하고 한나라는 취약해져서 한·위의 두 임금은 모두 전후에게 조공을 바쳤다.

함께 쓰러지게 하여, 적끼리 싸우다 약해지면 어부지리를 거두는 술책은 중국 전국시대의 대표적인 일석이조의 술책이었다. 일석이조의 이득을 얻으려면, 적대자끼리가 사투를 할 경우 어부지리를 계산에 넣는다면, 표면적으로는 항상 제3자의 입장을 고수하고, 이면으로는 약한 쪽에 성원을 하면서 투지를 기르지 않으면 안된다. 그러나 실지에 구원을 시작하는 것은 어디까지나 약자가 쓰러질 때까지 기다리지 않으면 안된다. 그 까닭은 쌍방이 모두 가진 힘을 다 소모하고 쓰러지도록 하지 않으면 안되기 때문이다.

二

이해역용의 개입술

權謀術數

진나라가 위나라의 영토인 포를 공격했다.

그래서 설객인 호연은 진나라의 장군 저리질에게 말하였다.

“공이 포를 치는 것은 진을 위한 것입니까, 위를 위한 것입니까? 위를 위한 것이라면 좋습니다만 진을 위한 것이라면 이롭지 못할 것입니다. 애당초 위가 위로서 유지되고 있는 것은 포가 있기 때문입니다. 여기서 위가 서하의 저쪽을 진에게 빼앗기면서 회수하지 못하고 있는 것은 약하기 때문입니다. 그러나 현재 위(衛)를 위(魏)에게 준다면 물론 위(魏)는 강하게 됩니다. 위가 강하게 된 날에는 서하의 저쪽은 아마 위태로울 것입니다. 그런데 진왕께서 공이 취한 일을 검토할 것이니, 진에게는 해롭고 위에게는 이롭다면 공을 원망하게 될 것이 틀림없습니다."

"어떻게 하면 좋소?"

하고 저리질이 물은즉, 호연이 대답하여 말하였다.

"공은 포를 버리고 공격하지 마십시오. 공을 위해서는, 나는 포의 장관에게 공격하지 않는다는 뜻을 전하고, 나아가서는 위나라 임금에게 은혜를 입혀두도록 하겠습니다."

하자 저리질은,

"좋습니다."

하고 대답했다. 그래서 호연은 포로 가서 장관을 만나서 말했다.

"저리질은, 포가 쇠약해 있는 것을 알고 있어서 끝내 포를 빼앗아 버리겠다고 말하고 있습니다. 그런데 제가 포를 버리고 공격하지 않도록 해드리겠습니다."

포의 장관은 두 번 절을 하고 금 3백 일을 보내왔다.

"만약 진군이 철수해 준다면 위의 임금에게 당신을 후대하도록 천거하겠습니다."

이리하여 호연은 포로부터 돈을 받고 위로부터는 후대를 받는 신분이 되고, 저리질에게서도 3백금을 얻어 물러서고, 또한 위의 임금에게는 은혜를 판 것이다.

호연은 진·위(魏)·위(衛) 3개국의 삼각관계와 그 모순, 나아가서 장군과 군주와의 주종관계의 모순을 역용하여 저마다의 이해손득을 설득하여 일석사조의 손을 쓴 것이다.

옛날에 설객이라고 하는 정치 컨설턴트의 직업은 중국 전국시대의 신흥직업이었다. 각국을 돌아다니면서 각국 간의 모순관계를 파고

들어, 구설 하나를 의지하여 국가의 경영부진에서 거부에의 길까지를 상담하여 일신을 세우고 재물을 얻었다. 물론 모순이 많으면 많을수록 약점이 생기기 마련이다. 그래서 이 컨설턴트의 직업이 시대의 요청에 따라 크게 번창하였다.

三

원한을 폭발시켜 적과 싸우게 한다

權謀術數

조간자가 진나라 대부인 성하와 섭다의 두 사람을 파견하여 위나라의 영공과 전택이라는 곳에서 회맹을 시켰다.

영공이 아직 짐승의 생혈을 핥으면서 맹세하기 전에 성하와 섭다의 두 사람은 영공의 손을 뿌리치고 잔을 굴려버렸다. 영공은 크게 노하여 조왕에게 항거하려고 하였다. 대신으로 있는 왕손상이 영공을 만류하였다.

"조나라에 반항하려면 모든 백성과 더불어 조왕을 미워하는 가장 바람직스러운 일입니다."

영공은,

"그럼 어떻게 하면 좋소?"

하고 물었다. 왕손상은 대답했다.

"아무쪼록 내게 명령을 내려서 다음 일을 나라 안에 호령하여 주십시오.—며느리나 자매나 어린 처녀 등 여성이 있는 집은 그중에서 한 사람은 조나라에 볼모로 가야 한다. —라고. 그렇게 하면 백성들은 조나라에 반항하는 것이고, 백성은 반드시 조나라를 원망할 것입니다. 그때 조나라에 반항하는 것이 상책일 줄 생각합니다."

영공은 '좋다'고 승낙했다. 그래서 명령을 내렸다.

3일 사이에 여자들은 소집되었다. 위의 사람들은 모두 거리에서 눈물을 흘렸다. 영공은 그곳에서 대부들을 소집하고 상의했다.

"조나라는 도에 어긋난 몹쓸 짓을 하고 있소. 조나라에게 반항해도 좋겠소?"

"좋습니다."

모든 대부들은 찬성했다.

그래서 조간자에게 전쟁의 의욕을 보였다. 조간자는 이 소식을 듣고 섭다를 잡아 죽이고 위나라에 사죄를 했다. 성하는 연나라로 도망치고 말았다. 이 이야기를 듣고 공자의 제자인 자공은 말했다.

"왕손상은 술수가 능한 사람이야. 사람을 미워하면 그 사람을 괴롭힐 수가 있고 나라에 화가 있어도 그것에 잘 대처하고 국민의 마음을 잘 구슬렸다. 한꺼번에 세 개의 것을 손에 넣은 셈이 된다. 과연 술책의 명수야."

소국 위나라가 강국 진나라의 실력자인 조간자를 배반하는 것은 마치 달걀로 돌을 치는 것처럼 자멸의 길을 선택함과 같다. 그래서 전국을 총동원하여 조왕을 원망하는 책모가 대신인 왕손상에 의해 안출되었다. 여하히 대중으로 하여금 공통의 적을 만들어내고 적개심을 불러일으키게 하는 것은 여기에 하나의 시사적인 것으로 제시되었다. 원한을 이용하여 일거삼득이라는 성과를 올린 것은 자공이 지적하는 바와 같다.

원한이라는 것은 인간의 어떤 본능보다도 큰 에너지를 내포하고 있다. 만약 폭발한다면 그 위력은 어떤 물리적 힘보다도 파괴력이 강하다. 인간은 본능적으로 군중의 충동에 따르기 쉽고 암시를 받으려면 하등의 증거도 없는데 감정은 곧 인화되어 폭발한다. 그래서 위정자들은 항상 작위적으로 온갖 사건을 날조하여 압축된 원한의 에너지를 적으로 하여금 행하게 하고, 한꺼번에 폭발시키는 일은 지금의 국제정치에는 결코 드문 일이 아니다.

四

팔방미인 격으로 사람을 농락하는 술책

權謀術數

위왕이 조나라의 서울 한단을 공격했을 때 송나라에 출병해 줄 것을 청구하였다. 그 분쟁에 가담하고 싶지 않은 송의 임금은 사자를 보내어 조왕에게 말했다.

"지금 위의 군사는 강하고 위세가 있습니다. 우리 나라에 대해서 출병을 요구하고 있습니다. 우리 나라가 요구에 응하지 않으면 필경 국토를 위태롭게 할 것입니다. 그렇다고 위를 도와서 조를 쳐서, 조나라를 해롭게 한다는 것은 우리의 원하는 바가 아니옵니다. 어디 왕께서 우리 나라에 지시가 있기를 바랍니다."

"하긴, 송나라가 위나라를 당할 수 없다는 것은 이미 나도 알고 있소. 조를 허약하게 하고 위를 강하게 해서는 송에게 불리할 것이오.

그렇다면 귀하에게 어떤 묘책이 있소?"

그 사자에게 물었다.

"귀국의 국경에 있는 성을 우리에게 맡겨 주시면, 천천히 공격하는 척하여 시일을 끌어, 귀국의 군사가 성을 지탱하고 있는 것은 바람직스럽게 생각할 것입니다. 그렇게 해준다면 좋겠습니다."

조왕은 '좋소'라고 반가이 응락했다. 송나라는 그래서 군사를 이끌어 대거 조나라의 국경을 침입, 한 성을 포위하였다.

위왕은 매우 기뻐했다.

"송나라 군사가 협력을 했어."

한편 조왕 쪽 역시 기뻐했다.

"송나라 군사가 약속대로 그곳에서 군사를 정지시켰어."

이리하여 싸움이 끝나고 군사가 물러간 후에도 송의 임금은 위나라에도 은혜를 팔고, 조나라에도 원한을 사지 않았다. 그래서 명성은 높이 올라가고 더구나 실리를 가져왔다.

위나라로부터 난처한 요구를 당한 소국인 송나라는 싸움의 상대편인 조나라와 수의하여, 그 의사결정의 권한을 조나라에 일임함으로써 금후에 일어날 사태의 모든 책임을 조에게 전가시킬 수가 있었다. 또 조와의 사전협의에 의하여, 부득이한 경우에 침입할 방법상의 이해도 구해놓은 다음에, 송과 조는 국경에서 위장싸움을 한다. 이겨도 져도 위나라에는 체면은 서고 조나라에는 은혜를 파는 묘책을 성공한 것이다.

싸울 상대의 중간에 개입하여, 더구나 쌍방으로부터 어려운 조건을 요구당하고 그야말로 진퇴양난의 경우인 이 양면술책은 매우 시사적이라고 할 수 있다.

얼른 보면, 골탕을 먹는 것 같은 상황이기는 하지만 약간 조절만 하면 곧 기회를 잡을 수 있는 사태로 전환할 수 있는 것이 유위전변하는 세상의 상도이다. 음모학을 터득한 술수의 전문가는 항상 이같은 진퇴양난의 곤경에 섰을 때 심기일전하여 화를 복으로 전환시키는 기법을 종횡으로 구사했다. 인간은 항상 역경이나 위기가 있어야만 발전의 기회가 비로소 열릴 수가 있다.

五

자존심을 자극하여 집단을 균열시킨다

權謀術數

춘추전국시대, 제나라의 경공에게는 공손접·전개강·고야자라고 하는 세 부하의 용사가 있었다. 모두가 나란히 무훈이 혁혁하고 그 누구를 갑이니 을이니 할 수 없을 만큼 셋이 비등한 강자였으므로 그들은 모두가 저마다 공훈을 자랑하고 함부로 행동하는 횡포가 심했다.

재상으로 있는 안자는 이 세 사람을 그대로 방치해 두는 것은 오히려 제나라를 위태롭게 하는 것이라고 평소에 마음먹고 있었다. 그래서 이 세 사람을 없애버리려는 계책을 꾸몄다.

어느 날, 이웃 노나라의 소공과 대신인 숙손약이 찾아왔다. 경공은 진작 문무백관을 모아놓고 환영 잔치를 열었다. 물론 3용사도 완전무장으로 참석했다.

주연이 무르익어가자 안자는 스스로 복숭아를 가져와서는 쟁반 위에 여섯 개의 복숭아를 얹어서 헌상했다. 경공과 소공은 각각 한 개씩을 먹고는 그 감미를 절찬했다. 안자도 숙손약에게도 한 개씩 하사하였다. 안자는 경공에게 청하여 남은 두 개를 군신에게 권하면서,

"스스로의 공적이 다른 사람보다 출중하고 높다고 생각하는 사람은 이 복숭아를 먹으라."

하고 말하였다. 복숭아는 두 개밖에 없었다. 그러나 이 복숭아를 먹을 자격을 가졌다고 자부하는 용사는 세 사람이었다.

즉 공손접·전개강의 두 사람은 서둘러 이름을 외치고 나와서 자기의 공을 말하고는 복숭아를 먹어버렸다.

뒤늦게 복숭아의 맛을 상미하지 못해 고야자는 크게 노하여 군신들 앞에서 자기의 공을 말하였다. 공손접과 전개강 두 사람은 고야자의 공로가 자기들보다 위인 것을 알고, 수치를 느끼며 자살하였다.

고야자도 두 사람의 의형제가 자기 때문에 자살한 것을 뉘우치고 자기 혼자 살아남는 것을 불의스럽게 생각하고 함께 죽지 않는 것이 의리에 어긋난다고 말하는 공론 때문에 마침내 칼을 빼어 자살하고 말았다.

이리하여 세 사람 모두 안자의 간계대로 제거할 수 있었다.

자부심이 강한 사람을 자멸시키려면 3용사가 두 개의 복숭아를 다투는 이 고사가 시사적이다. 물론 3용사가 복숭아를 상미한다기보다는 여러 사람 앞에서 복숭아 은사의 영광을 누리고 싶었기 때문이다.

분배 불공평의 원칙에 입각하여, 애태우는 적을 서로 상하게 하는 것이 나쁜 흉모의 기본적 특색이다. 그것이 이해득실을 두고 다투게 하든 자존심이나 체면을 지키려는 심사를 이용하여 다투게 하든 적을 이간시키는 것이 그 목적이라는 것을 잊어서는 안된다.

六

모순을 이용하여 양손에 돈을 쥔다

權謀術數

장의가 초나라를 돌아다니며 궁핍하였을 때의 일이다. 문하의 제자가 화를 내며 하직하려 하자, 장의는 걸음을 멈추고 이렇게 말했다.

"곧 비용을 변통해 올 터이니, 내가 자네를 위하여 초왕 회를 만날 때까지 기다리는 것이 좋겠어."

그 시기에는 남후와 정유가 초나라에서 존경을 받고 있었다. 장의는 초왕을 뵙기는 했으나 초왕은 그를 환대하지 않았다. 그래서 장의는 한 가지 술수를 꾸며서 왕에게 알현하기를 청했다.

"임금에게는 저는 용무가 없어요. 북쪽 위나라의 임금을 만나뵈올 작정입니다."

"좋소. 그것은 원하는 대로 하시오."

"그런데 위나라에 대해 무슨 소망이라도 있습니까?"

"황금도, 주옥도, 상아도, 이 초나라에는 무엇이든지 있소. 나는 위나라에는 아무 소망도 없소이다."

"그럼, 임금께서는 여색만은 싫으신 모양입니다그려."

"무슨 뜻이냐?"

"글쎄올시다. 그쪽 중원의 여자가 흰 분을 바르고, 눈썹을 검게 칠하고 거리에 나서면 그야말로 선녀같이 아름답죠."

이 말에 초왕은 무릎을 내당기었다.

"초나라는 벽지의 나라가 아닌가. 아직 그렇게 아름다운 중원의 여자를 본 적이 없어. 나라고 해서 여색이 싫다는 법은 없잖은가."

하고 말하면서 비용과 보물을 내어주었다.

남후와 정유는 이 말을 전해 듣고 크게 놀라며, 남후는 사람을 시켜 장의에게 말하였다.

"저는 선생님이 위나라로 가신다고 엿들었습니다. 마침 황금이 천 근 정도 있으니 이것을 노자로라도!"

정유도 역시 황금 5백 근을 보내왔다. 그래서 장의는 초왕에게 작별을 하며 말하였다.

"이 난세에는 왕래도 잘 안되며, 언제 다시 뵈올지 모르겠습니다. 원컨대 술잔을 받고자 합니다."

하니 왕은,

"좋소."

하고 말하고 술잔을 주었다. 장의는 술이 거나해질 무렵에 재배하면서 청하기를,

"이곳에는 타인은 없습니다. 아무쪼록 임금께서 총애하시는 분을 모셔서 술잔을 내리시기 바랍니다."

하고 말했다. 왕은,

"그렇게 하겠소."

하고 말하자, 남후와 정유를 불러서 잔을 권했다. 그러자 장의는 재배를 하면서 말하였다.

"저는 임금님께 죽을 죄를 졌습니다."

임금은 놀라며,

"무슨 말이오."

하고 묻자, 장유는 대답하였다.

"저는 천하를 널리 돌아보았습니다만 이같이 아름다운 여자를 만난 적이 없습니다. 그런데 저는 미인을 찾아드리겠다고 하였습니다. 즉 임금님을 속인 셈이 됩니다."

초왕은 후비들이 칭찬을 받는 것을 듣고 기뻐서 말하였다.

"염려하지 않아도 좋소. 나는 애당초 천하에 이 두 미인을 따를 사람이 없다고 생각하고 있으니까."

이렇게 해서 장의는 결국 회왕과 남후·정유, 두 비로부터 모두 환심을 사서 궁중에 출입을 하게 되었다.

초나라에서 별로 환대받지 못하던 장의는 이별을 고하는 제스처를 써서 초왕을 만나게 했다. 황금도 보물도 모두 가지고 있는 임금에게 없는 것은 선진국인 중원의 미녀뿐이었다. 초왕의 잠재되어 있던 욕망을 재연시키는 데에 이 미녀의 낚싯밥은 정통으로 적중했다.

그러나 남후와 정유의 두 총비에게는 중원의 미녀야말로 자기의 파탄을 초래하는 무서운 경쟁자가 아닐 수 없다. 임금이 미녀를 구하는 심리와 왕비가 미녀를 거절하는 심리의 이 양자의 모순을 이용하여 장의는 두 여인의 미색을 찬미함으로써 교묘하게 쌍방의 체면을 동시에 그들의 욕망을 만족시켰다. 하여, 그는 쌍방에서 톡톡히 이익을 거두어들였다.

七 미래의 지위를 찾는다

權謀術數

제나라의 관중과 포숙아는 임금인 양공의 난행에 혐오를 느끼고 몰래 서로 목숨을 주는 문경의 의를 맺고 이렇게 약속했다.

"양공의 난행은 차마 볼 수가 없소이다. 이대로 가면 반란이 일어날 것이오. 그러나 살펴보건대 제나라의 공자 중에서 우리들 두 사람이 보좌할 만한 가치가 있는 사람은 공자 규와 소백, 두 사람뿐이오. 우리들은 헤어져서, 한 사람씩 각각 섬기기로 합시다. 그리고 우리들 중에서 먼저 성공한 사람이 다른 한 사람을 떠맡도록 합시다."

이리하여 술수를 다하며 궁중투쟁을 전개하고 서로 죽이기를 한 결과 소백이 먼저 서울로 쳐들어가서 즉위를 하고 환공이 되었다. 환공은 즉위를 하자, 한때 반역의 보복을 위하여 공자 규를 보좌한 관중을 죽이려고 했다. 그러자 포숙아는 말했다.

"우리 임금이 오직 제 한 나라만을 통치하려면 고계와 나만으로 족할 것입니다만 만약 천하의 패자가 되려고 한다면 어떻게 해서라도 관중을 회유하는 것이 좋을 것입니다. 관중이 있는 나라는 결코 그로 하여 나라가 무겁다는 소문을 듣습니다. 그를 상실해서는 아니되옵니다."

환공은 그 말을 따라서 적수인 관중을 노나라에서 불러들이려고 하였으나 포숙아는 이를 만류하였다. 그냥 호출해서는 노의 임금은 반드시 경계하여 절대 내보내지 않을 것이라 한 가지 계략을 세웠다.

환공은 즉위한 그 해의 가을에 즉각 군사를 동원하여 노나라를 침공하여 노군을 패퇴시켰다. 제나라는 노나라 군사의 퇴로를 차단하고 적에게 서한을 보냈다. 거기에는 "공자 규는 형제간이므로 주찰할 수 없다. 죽이려거든 노나라에서 처리하기를 바란다. 다만 소홀과 관중은 원수이니 원컨대 그들을 인수받아 마음껏 인육을 소금에 절이게 하겠다. 들어주지를 않으면 노나라의 서울을 포위하겠다"라고 쓰여 있었다.

노군 쪽에서는 이를 염려하여 드디어 공자 규를 살해했다. 소홀은 자살했으나 관중은 그것이 포숙아의 계략인 것을 알고 있었기 때문에 스스로 제나라의 포로가 될 것을 자원하였다. 그가 사형수로서 제나라로 호송되어 돌아오자 환공은 곧 예의를 두텁게 하고 대부로 발탁하여 국정을 맡게 하였다.

2대세력이 패권을 다투고 어느 쪽에 붙어야 할지 난처할 경우, 관중과 포숙아의 약속은 좋은 모범이 되지 않을까. 항상 방관적 태도를 취하다가 막상 대세가 결정되면 허둥지둥 우세한 쪽에 뛰어드는 편의주의자에 비하면 관중과 포숙아의 술책은 확실히 한술 더 뜨는 셈이다.

이는 객관적 정세의 변화를 일체 염려하지 않아도 되므로 신경을 쓰지 않는 것이 특색이다. 그리고 취사선택에 혼미한 점이 있어도 우왕좌왕하지 않아도 된다. 더더욱 이미 어느 한쪽의 성공은 약속되어 있으므로 보증이 되어 있는 선택이다. 특히 오늘날의 회사나 단체 내에서 서로가 적대편에 서서 주요 역할을 맡아주는 친구가 필요하지 않겠는가.

八

내면을 가장하는 술

權謀術數

한나라의 공자 서가 일어서서 임금이 되었으나 그 지위는 아직 안정되지는 않았다. 그때 서의 동생이 주나라에 있었으며, 주나라에서는 전차 백 대를 갖추고 장중하게 보내고 싶었으나 한나라는 이미 왕이 있는 이상, 동생을 새삼스럽게 임금으로 세우지도 않을 것이라고 의구심을 갖고 있었다. 그래서 주나라의 대신 기모회가 이렇게 진언하였다.

"금 백 근을 함께 구비시키는 것이 상책일 것 같습니다. 한나라에서 동생을 임금으로 세우는 경우에는 경호의 비용으로 충당하고, 세우지 않을 경우에는 '반적을 인도합니다'라고 말하도록 합시다."

어느 쪽이든 두 가지 다 취할 수 있는 계책이다. 적의 입장에서는 애매한 수단이지만, 애매한 입장을 취하기 때문에 이쪽으로서는 유리한 것이다.

어느 쪽이든 취할 수 있고, 어떤 해석이라도 할 수 있는 태도와 입장은 결코 극히 어려운 것은 아니지만, 애매하다는 것을 간파당하거나, 처음부터 혐오당하지 않으려면 임기응변의 기지도 아울러 필요하다.

九
일인이역의 술책

權謀術數

진나라의 무왕은 감무에게 대하여, 시종이든 외교장관이든 어느 쪽이든 하고 싶은 것을 선택하도록 하였다. 맹묘는 그 말을 듣자 감무에게 이렇게 말했다.

"그것은 시종관이 되는 것이 좋습니다. 당신의 장기는 외교이기 때문에 비록 시종관이 되더라도 임금은 역시 외교일을 당신에게 맡길 것입니다. 시종관에 임명되어, 외교장관의 일도 맡는다고 한다면 일인이역을 겸하는 셈이죠."

외무장관이 시종장관보다 좋다는 것은 한때 키신저의 측근이 키신저에게 국무장관보다도 대통령 특별보좌관이 더 좋다고 말한 것과는 꼭 같은 논리에 입각하고 있다. 그리고 보좌관직은 실지에는 국무장관보다도 중요한 외교사명을 띄고 있으며, 사실상 한때 로저스 장관이 그림과 같이 희미한 존재가 되었던 것은 사람들의 기억에 새롭다.

양자택일을 요구당했을 때 주저없이 적재적소의 둘러치기 수법을 써서 장기인 전문직을 피하고 리더의 측근이 되는 것이 일인이역의 수단이다.

十

이겨도 져도 손해를 입힌다

權謀術數

초나라가 위나라를 공격했다. 장의가 초왕에게 말하였다.

"위나라에 편들어서 강하게 만들어 주는 것이 상책입니다. 위가 싸워서 이기면 역시 진에게 복종할 것이요, 서하의 외부는 우리에게 줄 것이 틀림없고, 설혹 진다고 하더라도 위에게는 서하의 외부 땅은 지킬 수가 없을 것이니 임금께서 반드시 손에 넣게 될 것입니다."

혜문왕은 장의의 건의를 받아들이고 군사 1만 명과 전차 백 대를 위나라의 서수에게 맡겼다. 위나라는 싸워서 초나라의 위왕에게 이기기는 하였으나 군이 피폐하고 있어서 진을 두려워하며 결국 서하의 바깥 땅을 헌납했다.

대개의 경우 약한 싸움의 상대를 지원하는 편이 일거양득을 거둘 수가 있다. 싸움의 상대는 항상 약한 입장에 있기 때문에 이기나 지나 진저리가 나니까 제3자의 압력에 반항할 만한 힘은 이미 가지고 있지 않다. 하물며 그 은혜를 입은 은인에 대해서 더욱 그러하다.

十一
이중공격의 전략

權謀術數

제나라가 조나라의 품구라는 땅을 공격했다. 조는 공청이라는 장군에게 결사대를 인솔시켜 구원을 했다. 공청은 제나라 군사와 싸워 그들을 대패시키고, 제나라 대장의 목을 베고 전차 2천을 노획하고 3만 명의 시체를 모아서 적군의 무덤산을 만들어 시체의 서울을 꾸미려고 하였다.

그러자 영월이란 사람이 공청을 보고,

"그것은 애석하다. 시체는 돌려주고 차라리 제나라의 내부를 공격하는 것이 좋겠소. 옛날 싸움에 능한 사람은 30리쯤 뒤로 후퇴해서 시체를 방치했다고 하오. 적은 시체를 수용하는데 비용이 들 것이오. 전차나 갑옷을 싸움에서 소비하고 나서, 창고의 돈은 시체의 매장에 소비토록 만듭시다. 이것이 그들의 내부를 치는 방법이오."

하고 말하였다. 그래서 공청은,

"만약 제나라가 시체를 수용하지 않으면 어떻게 합니까?"

하고 되묻자, 영월이란 사람은 대답했다.

"싸워서 진 것이 첫째의 죄, 함께 출진해서 함께 철수하지 않는 것이 제2의 죄, 시체를 맡겨주어도 거두지 않는 것은 제3의 죄. 백성이 이 세 가지를 내세워 임금에게 항의를 하면 상은 하를 다스릴 능력을 상실하고, 하는 상을 받들 생각을 하지 않을 것이오. 이것을 중공 즉 이중공격의 술책이라 하오."

전사자의 시체를 들에 방치케 하는 것도 한 가지 공격의 방법이라고 공청은 설득했다. 적이 이쪽의 공격 아닌 공격을 어떻게 받아들이든지 간에 백해는 있어도 일리는 없다라는 것은 시체를 수용하자면 돈이 든다. 들에 방치하면 백성의 반감을 사서 자멸의 길을 걷게 되기 때문이다.

그러니까 이 술책은 실로 무서운 술책이 아닌가.

제6장

인심을 낚는 술책

극히 적은 낚싯밥으로 큰 수확을 손에 넣는 것을 한국인들은 새우로 잉어를 낚는다고 말하고, 중국인은 새우로 자라를 낚는다고 말하며, 일본인은 새우로 도미를 낚는다고 한다.

이것은 새우가 낚싯밥으로는 공통된 낚싯밥이지만 재미나는 것은 잉어·자라·도미라는 수확의 대상이 그 나라 국민의 식성이나 또는 가장 귀한 고기로 인식되고 있다는 점이다.

아무튼 사람은 잉어나 자라 따위보다는 욕망이 많은 동물이기 때문에 매우 낚싯밥을 좋아한다. 나아가서 그 욕망이나 가치의식이 제각기 상이하기 때문에 '미끼'의 종류도 많다. 그래서 고래로 미끼의 종류도 많이 사용되고 낚는 법도 여러 가지 고안되고 있다.

인간과 인간의 수급관계는 욕망 대 욕망의 교환관계인 동시에 절대가치와의 관계이기도 하다. 물론 자기에게 가장 유리하고, 가장 경제적인 법칙에 합치되는 것은 여하히 최소한의 가치를 가지고 최고의 가치와 교환하느냐에 있다. 그것에 비등가적 교환의 사고로서의 출발점이다. 물론 '가치'와 '욕망'의 공급자에게 교환 상대자인 수요자가 누군가 뚜렷하지 않을 경우에 없어서는 안 될 수단은 '낚싯밥'을 뿌려 보는 일이다.

'낚싯밥'의 종류와 낚는 법도 역시 상황에 따라서 천차만별하기 때문에 우선 수요자의 심층심리에 잠재해 있는 욕망형태와 가치의식은 무엇인가를 명백히 밝혀야 할 연구가 필요하다.

그때 비로소 수요자에게 팔아넘기는 것이 희로애락과 은혜와 원수의 감정이냐, 혹은 인의도덕의 의식이냐, 미추의 감각이냐 하는 것을 뚜렷이 파악할 수가 있다. 그리고 공격할 때는 '낚싯밥'으로 유인하고, 지킬 때는 '미끼'로써 잘라버리는 그러한 운용의 묘미를 체득할 수가 있는 것이다.

자기를 미끼로 낚는다

權謀術數

중국의 전국시대 제나라의 침공으로 연나라가 그 영토의 절반을 상실하였을 무렵의 일이다. 연나라의 소왕은 즉위를 하자, 스스로 머리를 굽히고 인재를 구하여 원수를 갚을 시기를 노렸다.

어느 날 소왕이 곽외에게, 나라를 일으키기에 족한 인재는 어떻게 하면 얻을 수 있을까 하고 물었다. 곽외는 대답하여 이렇게 말했다.

"나는 이런 얘기를 들었습니다. 옛날 어떤 군주가 천금을 가지고 하루에 능히 천 리를 달리는 '천리마'를 구하려고 하였으나 3년이 지나도 구할 수가 없었습니다. 그러자 하루는 한 신하가 '내게 명령을 내려 주십시오'라고 자진해서 나왔습니다. 임금은 천금을 내려서 천리마를 찾으러 보냈습니다. 그 신하는 사흘 정도로 말의 소재를 확인하였으나 애석하게도 그 신하가 당도하기 직전에 말은 죽어 없었습니다. 그래서 그 신하는 죽은 말의 뼈를 500금으로 사들였다고 합니다.

군주는 화를 내며 말했습니다. '내가 원하는 것은 살아 있는 말이야. 누가 죽은 말을 상대로 500금이나 되는 돈을 버린단 말이냐'라고. 신하는 '잠깐만 제 말을 들어주십시오. 천리마 같으면 죽은 말이라도 오백금으로 사는 사람이 있다고 한다면, 살아 있는 말이라면 얼마나 비싸게 살 것인가 하고 사람들은 생각합니다. 염려하지 않더라도 장차 멀잖아 곧 소망하는 말이 찾아올 것입니다'라고 설명했습니다.

과연 1년을 채 넘기기 전에 천리마를 달리고 온 사람이 세 사람이나 있었다고 합니다. 지금 진실로 임금이 현재를 구하고 싶으시면 우선 내게 사표의 예우를 취해주십시오. 나 같은 인물에 대해서 그렇게 예우를 한다면 나보다 뛰어난 사람에 대해서는 말할 것도 없이 어찌 천 리가 멀다고 하겠습니까."

소왕은 이 말을 듣고 과연 감탄하여 곽외를 위하여 황금대라는 궁전을 세워서 그에게 사의 예우를 하였다. 이 소문이 즉각 여러 나라로 전해지자 천하의 현재들이 너도나도 연나라로 모여들었다. 우선 조나라의 명장 악의가 왔다. 다음은 음양가로 이름높은 추연이 제나라에서 왔다. 또 명재상인 극신이 조나라에서 왔다. 이리하여 천하의 인사가 다투어 연나라로 모여들었다.

소왕은 이들 천 리를 멀다 않고 찾아온 '천리마'와 고락을 함께 하기를 28년간, 마침내 진·초·한·위·조 등 5개국과 공모하여 제나라를 쳐서 크게 이기고 구영토를 찾았다.

여기 이 곽외는 스스로 자기를 미끼로 내세워, 살 사람인 소왕에게 팔아넘겼으며, 소왕도 그를 손님 끌기 위한 전시용으로 사들여서 크게 선전효과를 발휘했다.

태공망의 낚시론

역시 같은 경우로 자기를 미끼로 하여 주나라의 문왕에게 팔아넘긴 낚시의 '명인'인 태공망이 서술한 병서 《육도·삼략》 속에 다음과 같은 대목이 있다.

—"군은 재물이 없으면 인사가 모이지 않고, 군이 포상을 하지 않으면 군사는 가지 않으며, 향기(좋은 미끼)가 있는 곳에는 반드시 죽은 고기가 있으며, 상을 후하게 하면 반드시 용사가 있다"라고. 그러니까 '예를 두텁게 하면 인물이 귀속하며, 상은 용사가 죽는 곳이다. 그들이 귀속하는 바에 따라 초치하고, 그들이 죽는 곳을 제시하면 구하는 용사는 찾아든다. 고로 예우로써 인사를 대하고, 후에 예를 후하게 한 것을 뉘우치면 인물은 가버린다. 마찬가지로 상을 줘놓고 나중에 뉘우치면, 인물은 그러한 군주에게 봉사할 것을 의젓하지 못하게 생각하고 떠나버린다. 그러나 예우와 포상을 아끼지 않으면 인물은 다투어 사지로 나아가는 법이다.' 또 "낚싯줄이 가늘고 미끼가 뚜렷하게 보이면 소어가 물고, 줄이 적당하고 미끼가 향기로우면 중어가 물고, 줄이 굵고 미끼가 크면 대어가 이를 문다. 고기라는 짐승은 미끼를 먹고 그 줄에 끌리고, 사람은 녹을 먹고 그 군주에게 복

종하는 법이다."라고도 말하였다.

미끼의 이용법에 대해서는 과연 낚시의 명인으로서, 빈틈없이 지적하고 있다. 과연 미끼만 향기롭다면 '용사는 다투어 사지로 나아간다'고 한 것은 특히 명기할 필요가 있을 것 같다.

二

신뢰를 미끼로 삼는다

權謀術數

오기가 위나라 하서지방의 장관으로 임명될 무렵의 일이다.

하서는 진나라와 국경에 접하고 있는 지방이다. 그 국경에 진나라의 작은 한 성이 있었다. 착임한 직후의 오기에게는 바로 그 국경성이 몹시 눈에 거슬리었을 뿐만 아니라 또한 위험한 존재이기도 했다.

그래서 오기는 '신뢰'의 이미지를 나타내기 위하여 한 가지 음모를 꾸며서 그것을 '미끼'로 삼았다. 오기는 수레의 장대를 북문 밖에 의지해 놓고 포고를 붙였다.

"이 수레를 남문 밖으로 옮기게 된 자에게는 상등의 밭과 집을 주겠다."

수레의 장대계위를 옮기는 것은 누구에게나 할 수 있는 일임에도 구태여 큰 상을 주겠다는 것은 이면에 수상한 계략이 숨어 있으리라 생각했는지 사람들은 아무도 그것을 옮기려 하지 않았다.

겨우 일이란 것은 해놓고 볼 일이라고 생각한 사람이 있었다. 그 사람이 그것을 옮겨 놓자마자 오기는 즉각 미끼를 먹은 '고기'에게 포고대로 상을 주었다. 사람들은 불신감을 품은 것을 후회하였다. 이어서 오기는 한 섬의 옥수수를 동문 밖에 놓고 포고를 내렸다.

"이것을 서문 밖으로 옮기게 된 자에게는 지난번과 같은 상을 주리라."

사람들은 다투어 이것을 서문 밖으로 옮겼다. 이것을 보고 오기는 각주의 장관에게 일러서 포고를 내려 군사를 모집시켰다.

"내일, 진의 국경 성을 공격한다. 선두를 달리는 자는 주의 장관에 임명하고 최상의 밭과 집을 하사한다."

사람들은 다투어 응모하였다. 다음날 오기는 응모한 군사를 이끌고 진의 국경 성을 쳐서 졸지에 이를 빼앗았다.

《육도》에 "향기나는 미끼의 아래에는 반드시 사어가 있고 중한 포상이 있는 곳에는 반드시 용사가 있다"고 한 말은 이러한 일을 두고 하는 말이다.

물론 오기는 이같은 '신뢰'의 견본상품을 팔 때까지는 그 이전에 이 '신뢰'를 내걸고 스스로가 미끼가 되어 팔린 적도 있다. 그것은 오기가 노나라의 임금에게 부임하여 얼마 되지 않을 때의 일이다. 제나라가 노나라를 공격하려고 하였다. 노나라에서는 전략가로서 두각을 나타낸 오기를 장군으로 기용하여 제나라 군사를 방어시키려고 하였다.

그러나 오기는 제나라의 여자를 아내로 취하고 있었기 때문에 제나라와 내통하지 않을까 하고 의심하는 자도 있었다. 오기는 신뢰를 보이기 위해 아내를 참수하여 제나라와는 아무런 상관이 없음을 명백히 하였다. 노나라의 임금은 즉각 오기를 두둔하고 포섭하며 기용을 하여 크게 제나라 군사를 격파하였다.

자기의 신뢰를 위하여 아내를 죽일 만큼 그들은 공명이 중대했다. 이것이 동양인의 명분이라는 것이다.

三

원수를 미끼로 내세운다

權謀術數

전국시대 말기의 일이다. 연나라 태자 단은 이전에 볼모로 조나라에 가 있었으나 그때 조나라에서 태어난 진왕의 정은 어렸을 때 단과는 소꿉놀이 친구였다. 정이 진왕으로 즉위하자 단은 진나라에 볼모로 갔다.

진왕은 어릴 적 친구인데도 연의 태자 단을 잘 대우하지 않았다. 그래서 단은 화가 나서 도망쳐 왔다. 그래서 진왕을 원망하고 언젠가 보복을 꿈꾸고 있었다. 그때 진나라의 장군인 번어기가 죄를 짓고 도망쳐 왔다. 그 목숨 값은 금 천 냥이고, 업은 1만 호라는 표방이 나붙었다.

단은 그를 받아들여 집에 숨겨 주었다. 또 한편 단은 위인 형가의 현명함을 듣고 예우를 두텁게 하여 초빙하였다. 그리고 가를 진나라에 보내서 원수를 갚으려 했다.

가는 단에게 말하기를, "진왕을 기쁘게 하고 또 마음을 흡족게 하자면 번 장군의 목과 연나라 독항의 지도를 구하여 헌상하고자 합시다."라고 말하였다. 그러나 단은 번어기의 목을 내놓으라고 말할 수도 없으며 승낙하지도 않았다.

그래서 가는 스스로 번장군에게 말하였다.

"당신의 목을 얻어서 진왕에게 진상하고자 합니다. 그렇게 하면 진왕은 반드시 기꺼이 나를 만나줄 것입니다. 그때 나는 그 틈을 타서 왕의 가슴에 칼을 찌를 생각입니다. 그렇게 되면 장군의 원수도 갚을 것이고 또 이 연나라도 수모를 씻을 수가 있을 것입니다."

번장군은 그 말을 듣고 이해득실을 생각한 끝에 '원수를 갚고' 또 '은혜를 갚는다'고 하는 일거양득의 교환조건에 깊이 감사하고 스스로 자결하여 죽었다. 형가는 번장군의 목과 독항의 지도를 휴대하고 진왕의 목과 교환하기 위하여 출발하였다.

흰 상복을 입고 역수의 강가에까지 배웅을 나온 태자 단을 향하여 형가가 노래한 유명한 시가 있다.

—바람이 숙연히 불고 역수는 차다. 장사는 한번 떠나면 다시 돌아오지 못하도다.

그래서 중국의 역사에 이름높은 장면이 전개된다. 진의 궁전에서 형가는 계획을 진행했으나 진왕의 암살은 실패로 돌아가고 오히려 형가가 피살되었다. 진왕은 크게 분노하여 군사를 내어서 연나라를 치게 하니 연왕 희는 부득이 사랑하는 태자 단의 목을 베어 진왕에게 헌상하고 사과했다.

이로써 양국은 당분간 평화를 되찾게 되었으나, 그후 3년이 지나자 진은 다시 연나라를 쳐서 이를 멸망시키고 연나라를 진의 한 고을로 만들고 말았다.

형가는 번 장군의 목을 '교환가치'로 '번장군 자신의 복수'와 '은혜를 입은 연나라의 수모를 씻기 위하여'라는 두 가지 초점에다 두고, 그보다 가치가 있는 진왕의 목과 교환하는 것이 일거양득의 좋은 교환조건이라는 것을 번장군에게 인식시켜 그 목을 얻어냈다. 즉 그 목을 미끼로 진왕을 유인하여 진왕의 목을 낚으려고 음모를 꾸몄으나 이 음모는 자못 빗나가서 결국 음모에 가담한 태자 단의 목숨까지 잃고 결국은 연의 멸망을 촉진했다.

승패의 여부는 고사하고 원수를 미끼로 내세워, 적을 노린 술책에는 틀림이 없다.

또 연왕 희가 사랑하는 태자의 목을 조건으로 겨우 3년간 국토보존을 유지케 한 교환조건도 역시 원수를 저지하기 위한 한 술책으로 내세운 것이다.

사람의 목을 서로가 노리다 보면 살벌한 사건과 술책이 없을 수 없다.

四

은혜를 미끼로 만든다

權謀術數

한나라 고조 유방이 초나라 항우를 타도하고 천하를 통일한 뒤, 당연한 처사로 나라의 공신에 대한 논공행상이 있었다. 그런데 대부분의 장군들에 대해서는 누구를 주고 누구를 안줄 수 없는 경우가 많아서 좀처럼 결정이 나지 않았다. 게다가 부하의 허물을 찾아서 조금이라도 잘못이 있으면 곧 죄를 주었으니 군신들은 불안과 불만에 사로잡혀 더러는 모반을 일삼고 궁중 안에는 불온한 분위기가 감돌았다.

그래서 고조는 우려한 끝에 장량에게 대책을 의논하였다. 장량은 말했다.

"폐하께서 평소에 미워하고, 군신도 모두 그것을 알고 있는 인물에 가령 옹치를 후로 봉한다면 군신도 조용해질 것입니다."

그래서 고조는 군신을 모아놓고 주연을 벌이고 그 자리에서 옹치를 십방후로 봉하고 더욱 몇몇 사람의 공적을 빨리 결정하도록 오히려 재상들을 독촉하였다. 군신들은 비로소 마음을 놓았다.

"옹치를 후로 정했으니, 우리는 뭐 염려할 것은 없겠어."

즉 옹치를 '미끼'로 하여 '원수에 보답하기를 덕으로 대한다'를 연출하여 군신들을 안심시켰다.

제2차대전 종결 후, 장개석 주석은 일본에 대해서 '원수를 대하기를 덕으로 한다'라는 성명을 발표하였다.

이 성명의 정치적 배경이 되고 있던 당시의 상황은 고사하고, 전후처리의 정책으로서는 획기적인 것이었던 것은 사실이다. 오늘에 이르러서도 중국관계 단계를 좌우하는 정치압력으로서 꼬리에서 그 위력을 나타내고 있는 것이 이 발언이다. 그런데 일본인들은 이 말을 단순한 '도의론'의 수준에서 논의하고 있는 것이 일반 상식이다. 그러나 그것은 천만부당한 얘기다. 중국인은 대개의 경우 '반대급부'에 시점을 모아서 문제를 제기하고 있다.

애당초에 '은혜를 베푼다'는 것과 '은혜에 보답한다'는 것과는 봉건사회의 상하관계를 특징 지우는 온정주의적 사상일 뿐만 아니라, 봉건사회를 구축하는 가장 중요한 이데올로기의 하나이다. 그것은 주종관계를 규정하는 일종의 경제적 반대급부로 볼 수도 있다. 그 밑바닥에 깔려 있는 것은 과보주의—누워서 보답을 기다리는—식의 기브 앤드 테이크의 미국식 사고와 일맥상통한다.

또 '덕을 가지고 원수에 보답한다'는 사상은 '눈에는 눈으로, 이빨에는 이빨로' 대한다는 중국사상에 반대되는 노자의 사회적 윤리관이다. 이것은 일종의 역설의 진리로 알려져 있지만 이것이 또 중국사상의 반대표현으로, 이른바 그리스도교에서 말하는 '그대의 적을 사랑하라'는 논리와 일맥상통한다.

이와 다른 것이 공자의 사상이다. 어떤 사람이 공자에게 "덕을 가지고 원수를 대한다는 것은 무엇을 뜻하는 것입니까"라고 물은 적이 있다. 공자는 당장에 이 노자의 말을 부정하고 "원한이 있는 상대에게 덕을 가지고 대한다면 덕을 베풀어준 사람에게는 보답할 길이 없지 않는가. 역시 원한이 있는 상대에게는 정당한 도로 대응하는 것이 옳고, 덕을 베풀어준 상대에게는 덕으로 대하는 것이 좋다"고 대답하였다.

《예기》에도 공공연하게 '원한에는 원한으로 보답하라'를 시인하고 있으며 그것이 권선징악에 도움이 된다는 것이다.

'덕을 가지고 덕에 보답한다'고 하든 '덕으로써 원한에 보답한다'고 하든 '원한으로 원한을 보답한다' 하든 중국인에게는 무엇으로써 무엇을 보답하는가보다도, 어떤 보답이 있게 되는가 하는 '반대급부'가 더 관심의 대상이다.

'덕'으로써 '덕'을 교환하고, '원'으로써 '원'을 교환하는 것은 이미 계산이 끝난 가치의 '등가교환'에 불과하지만, '덕'을 가지고 '원'에 보복한다는 것은 '은혜를 베푸는' 일이며 오히려 매력적이다.

말하자면 '원'으로써 '원'에게 대한다는 것은 그러한 '등가교환'보다도 더 큰 가치를 베풀어주는 '비등가교환'의 쪽이 오히려 상대의 심지를 더 강하게 자극함으로써 그 효과를 볼 때 훨씬 상수의 술책이 라고 할 수 있다.

五

우회술로 인심을 낚는다

權謀術數

맹상군—본명 전문이 아직 제나라의 재상자리에 있을 때의 일이다. 어느 날 맹상군이 식객들에게 서장을 돌려서, 영지인 설이라는 곳에 가서 세금을 수거해 올 사람을 구했다. 이때 자진해 온 사람에 풍환이라는 사나이가 있었다. 맹상군은 기꺼이 그를 설로 파견하였다.

그런데 풍환이 설 땅에 가자, 취할 만한 이식만을 받은 후에 마을 사람들을 모아놓고 이자를 지불하지 못하는 사람들의 빗돈의 증서를 모두 모아서 그 앞에서 불태워 없애버렸다. 기뻐하는 마을 사람들의 만세 소리를 뒤에 들으며, 말을 달려 돌아왔다.

"은의를 사왔습니다."

하고 엉뚱한 보고를 했다. 은의를 샀다는 것은 증서를 불태워줌으로써, 영민에게 은혜를 베풀어 후일에 무슨 일이 생겼을 경우, 그 은혜가 보답되어 돌아온다는 타산이다. 잉어를 낚기 위해 낚싯밥을 던져놓았다고도 할 수 있다.

맹상군은 시무룩한 표정을 짓기는 하였으나 그 이상 풍환을 나무라지 않았다.

그 얼마 후에 맹상군은 실각을 해서 자기의 영지인 설 곁으로 돌아가는 도중에 아직 100리(한국식으로는 천 리)나 남았는데도 늙은이와 어린것들이 마중을 나와 있었다. 그래서 맹상군은 돌아오면서 풍환에게 말하였다.

"선생이 나를 위하여 은의를 사준 까닭을 오늘 보았소."

풍환은 대답하기를 이렇게 말했다.

"교활한 토끼가 죽음을 면하여 살아가기 위해서는 세 개의 구멍이 있어야 합니다. 지금 어른께서는 구멍이 아직 하나밖에 없습니다. 베개를 높이 하고 잘 수는 없는 형편이니 다음 나머지 두 구멍을 파드리겠습니다."

이리하여 풍환은 위나라로 가서 혜왕을 설득하여 맹상군을 위나라의 재상으로 초청하게끔 꾸며댔다. 이 움직임을 듣고 알아챈 제왕은 새삼스럽게 예를 갖추어 사자를 보내어 사과를 하고 재차 맹상군을 기용하였다. 이것이 제2의 구멍이다.

풍환은 더욱 맹상군을 설득하여 봉지인 설 땅에다 조상을 위한 종묘를 세우게 했다. 그 때문에 동족인 제왕은 설 땅을 넘나볼 수가 없게 되었다. 이것이 제3의 구멍이다.

이것이 유명한 '교토삼굴'이라고 하는 고사이다. 즉 교활한 토끼에게는 굴이 세 곳 있다는 비유이다.

군중에게 '은의를 판다'—어김없는 우연한 미끼를 쓰는 낚싯법이다. 우연한 미끼를 쓰는 낚시법의 특징은 낚으려는 대상이 개인이 아니고, 미확인 다수인 점이다. 이 낚싯법은 주로 윗사람이 민중이나 사원 등의 인심수습을 위하여 흔히 사용하는 술책이다.

六

한 구멍을 파서 낚는다

權謀術數

한나라의 서울 양적의 호상인 여불위는 장사 일로 자주 주나라의 서울 한단성으로 가곤 했었다. 어느 날, 진나라 태자인 안국군의 서자인 자초가 볼모로 이 서울에 살고 있음을 알았다.

당시 외출하는 차마도 부자유하던 궁핍한 생활을 하고 있던 자초를 보고 불현듯 놀라운 생각이 번뜩이었다.

"이건 물건이 되겠어. 기화를 잡아야겠군."

이렇게 중얼거리며 집으로 돌아와서 부친에게 물었다.

"밭을 뒤지면 벌이는 몇 배가 되겠습니까?"

"열 배는 되겠지."

"보석 장사의 벌이는 몇 배가 되겠습니까?"

"백 배는 될 테지."

"나라의 군주를 옹립하게 되면, 그 벌이는 몇 배가 되겠습니까?"

"헤아릴 수가 없을 정도일 테지."

여러 나라를 왕래하는 장사꾼인 여불위는 서쪽 진나라의 장래성을 꿰뚫고 있었기 때문에 드디어 장사를 그만두고 이 성장주를 사들이기 위하여 전력을 쏟았다.

우선 자초의 집을 개축하고 훌륭한 가구를 마구 사들여주고, 자초의 환심을 샀다. 다음에 안국군의 총희 화양부인의 형에게 많은 선물을 보내고 자초가 총명하다고 늘어놓았다. 그래서 자식이 없는 화양부인은 자기의 기색이 늙은 후에도 안국군의 마음을 이끌어 매두는 재료로써 자초를 귀여워하기 시작했다. 그리하여 드디어 안국군에게 자초를 팔아넘기는 일에 성공하였다.

끝까지 이 '기화'를 낚아올리려고 전력을 다하는 여불위는 새우로 잉어를 낚는 것은 바로 지금이라고 용단을 내어서 자기의 아이를 잉태하고 있던 조희를 어린 자초에게 시집을 보냈다. 그 아들이 다름 아닌 진시황제이니 말이다.

그런데 소왕이 죽고, 태자인 안국군이 진나라의 효문왕이 되자 자초는 진나라의 태자로 옹립되었다. 자초의 아들이기도 하고, 여불위의 아들이기도 한 어린 정이 그후에 진나라 왕이 되어 천하를 통일하였을 때 여불위는 마침내 장관으로서 실권을 행사하고 중부로 불리우게 되었다. 여불위는 이 '기화'를 발견하자마자 즉각 사들였다. 이 성장주의 값을 올리기 위하여 그는 모든 자본을 투입하여 전력투구의 한 구멍 파기의 술책은 너무나도 실효를 거두었다.

七
본보기로 족쳐 놓고 수확을 노린다

權謀術數

진나라 문공이 원이라는 곳을 칠 때, 군사들에게 7일 안에 쳐부수겠다고 서약했으나 7일이 지나도 원은 낙성하지 않았기 때문에 병졸을 철수하라는 명을 내렸다. 정세를 탐지하려 갔던 첩자가 돌아와서,

"원은 곧 항복하려고 하고 있습니다."

하고 보고하였기 때문에 군지휘관은 그때까지 기다리라고 하자,

"보배를 상실하는 일은 하고 싶지 않다."

하고 말하여, 끝내 군사를 거두었다. 그 다음 해, 다시 원을 쳐서 군사들에게 반드시 원을 낙성시키고 철수하자고 서약했다. 원의 군사는 그 말을 듣고 항복하였다. 또 위나라 사람도 그 말을 듣고 문

공은 정말 신의를 지키는 임금이라는 판단이 내려져서 마침내 귀속하였다.

흔히 '원을 공격하여 위를 얻었다'라는 말은 이것을 두고 하는 말이다.

문공은 원을 얻기를 원하지 않은 것도 아니지만, 불신으로 원을 얻기보다는 얻지 않는 것이 이롭다고 생각한 것이다.

진나라 문공이 처음 7일간으로 공략한다고 서약하고 원을 공격한 것은 원을 얻기보다는 '신'의 이미지를 심는 것이 목적이었다. 그 다음 해 다시 원을 쳐서 또다시 함락시키고야 철수하라고 서약한 것은 '신'의 임지가 이미 이루어진 후의 공갈이었다. 위도 원의 항복에 덩달아 진에게 항복한 것은 진의 강함을 두려워 했기 때문이다.

이같이 '미끼'로 삼을 수 있는 한 나라를 찾아내어, 토벌하여 본보기로 삼는 것은 패자가 약소국을 신복시키는 방법의 한 가지이다. 그 본보기의 응징에 의하여 싸우지 않고 다른 나라를 신복시키는 것이 공통된 양상이다.

주나라 문왕의 동생 주공단이 은나라에 이긴 후에 상개를 공격하려고 했다. 그러자 신공갑이 타일렀다.

"상개를 굴복시키려면 주변의 제후를 치는 것이 그 첩경일까 생각하오."

주공은 그래서 국경의 구이를 공격했다. 그러자 상개는 저절로 항복해왔다. 이것이 '본보기 응징'의 술책이다.

八

제물로 인심을 낚는다

權謀術數

사마양저가 제나라의 경공에게 초빙되어 장군으로 임명되었을 때의 일이다. 그는 경공에게 한 가지 부탁을 했다.

"나는 본시 미천한 출신으로, 한갓 평민으로부터 발단되어 장군이 되었으므로 사졸들이 심복하지를 않을 겁니다. 이래서는 명령의 질서가 서지 않을 염려가 있습니다. 그러니 주군의 총신으로, 나라 안에서 누구나 존경하는 분을 군사의 감시역으로 세워줬으면 참으로 다행이겠습니다."

경공은 이 말을 듣고, 곧 장고를 파견하였다. 경공에게 작별을 하자 즉시 양저는 장고에게, "내일 정오에 영문 앞에서 만납시다."라고 약속을 했다.

그런데 장고가 찾아온 것은 그보다 훨씬 늦은 저녁 무렵이었다. 왜 늦었느냐고 물으니, 장고는 이렇게 사과했다.

"졸자의 동료인 대부와 친척들이 배웅을 나와서 붙들렸어요."

양저는 화를 내어 말했다.

"장 된 자는 임명을 받은 날로부터 가사는 잊어야 하고, 전장에서 진고를 두들길 때는 자기의 일신을 잊어야 한다. 현재 적은 영내 깊이 침입하여 국내는 소연하고, 국민의 운명은 귀하에게 달려 있다. 그런데 어디서 송별연을 할 여가가 있는가."

그리고 즉시 군법에 따라서 장고를 참죄에 회부하여 전군에게 본보기로 내세웠다.

전군의 사졸들은 간담이 서늘했다. 그후로는 군의 위세가 떨쳐지고 진과 연의 군사를 국내에서 내쫓았다.

내 얘기는 《사마병법》의 저자이기도 한, 제나라의 명장 사마양저의 젊은 날의 한 일화이다. 한나라 초기의 명장 한신이 장군에 임명되어 당초도 거의 사마양저와 같은 수법으로 은에 대한 군사훈련을 위촉받았을 때 오왕의 두 총비를 참형함으로써 180명의 미녀부대를 궁중 안에 조직하여 용병의 재간을 인정받은 후에 그 이름을 열국에 떨쳤다.

이런 예는 모두 '미끼'를 이용한 좋은 사례이다.

삼국시대—오·위·촉 세 나라가 다투던 시대의 '울면서 마속을 참수하다'라는 고사의 전투에서 대패한 애장 마속을 참한 것은 '신상필벌'을 내세운 공명으로서는 없어서는 안될 부하의 인심수습을 위한 '제물'의 미끼로 삼은 것이다.

중국에서는 정리라는 말이 있다. 공명은 군법에 의하여 사랑하는 장군을 참했으나 그때 눈물을 흘린 것은 '정'이었다. 그것이 진정이냐 아니냐의 여부는 고사하고 정을 보이지 않으면 부하를 신복시킬 수는 없다.

제7장

심리 농간의 기만술

사람은 자기의 욕망을 만족시키기 위하여 행동하고 있다. 그것은 인상적인 행동보다 오히려 감정적인 행동으로 치닫기가 쉽다. "인간은 감정의 동물이다"라고 말하는 이유도 여기에 있다. 그런데 이 감정적인 인간은 심리가 본능적으로 움직이기 쉽고, 사람은 감정적일수록 함정에 빠지기 쉽다.

사람은 누구나 희로애락공 등, 다섯 가지 정을 가지고 있다. 그 감정의 온갖 명암을 역용하고, 감정을 자극하고 촉발시켜 이성을 상실케 하고 심리의 균형을 깨뜨리게 함으로써 그 허를 찌르는 역모의 수법을 흔히 쓰고 있다.

즉 상대[적]를 기쁘게 만들어 도취시키는 법, 혹은 노엽게 만드는 법을 해득하여 상대의 이성을 마비시키는 일이다.

어떻게 동정심을 자아내게 하는가, 어떻게 슬픔에 잠기게 하고 즐겁게 만드는가, 혹은 여하히 만심을 갖도록 하는가, 어떻게 두려움을 갖도록 하며 그 약점을 노리는가, 이 모든 것이 사람의 심리를 농간하는 일종의 사술이라고 보아야 한다.

나아가서 인간의 동정심·허영심·애정·색욕·명예욕—등등의 감정과 욕망을 이용하여 그 심리를 뒤흔들어 함정에 빠지게 하는 음모의 사례도 있다.

미인계를 써서 친분을 파괴한다

權謀術數

한왕조의 말기, 황건적의 난이 지나자 군웅이 할거하였다. 이때 한나라의 조정은 권신 동탁이 실권을 쥐어 낙양을 불태우고 서안으로 천도를 하여 권세를 마구 뒤흔들었다.

그 왕실의 장관인 왕윤은 이 동탁을 치기 위하여 음모를 꾸몄다. 그는 친딸처럼 귀여워하던 노래와 춤에 뛰어난 미녀 초선에게, 동탁과 그의 양자이며 맹장인 여포와의 관계를 이간시키는 책모를 함께 수행하도록 타일렀다.

왕윤은 우선 여포를 자기 집에 초청하여 초선을 불러 앉히고, 산해의 진미를 대접하며 동탁과 여포의 인물을 찬양하였다. 그 자리에서 흥분하고 의젓해진 여포는 미녀 초선에게 마음이 움직이었다.

왕윤은 이 딸을 여포에게 주겠다고 귀띔을 했다. 여포는 어쩔 줄을 몰라 감격했다.

다음날, 왕윤은 이번에는 동탁을 저택으로 초치하여 역시 자리를 마련하였다. 동탁도 초선의 노래와 춤 그리고 그 용모에 반한 듯했다. 왕윤은 즉시 수레를 대령시켜 초선을 동탁의 집으로 보내었다.

그런데 초선을 전송한 후의 귀로에 왕윤은 여포를 만났다. 여포는 왕윤의 말을 멈추게 하고,

"장관 어른께서는 초선을 내게 주겠다고 말씀해 놓고, 동탁 어른에게 들여보낸다는 것은 나를 희롱하는 게 아닙니까?"

했다.

"어제 동탁 어른께서 초선을 보러 와서 "오늘은 길일이니 내가 이 낭자를 여포에게 데려다 주겠소"라고 말하고 초선을 데리고 갔습니다."

여포는 자기의 성급함을 사과하였다. 그러나 돌아와보니 상황은 아무래도 이상했다. 도대체 동탁이 초선을 데리고 올 기색은 보이지 않았다. 한편 동탁은 자기대로 양자인 여포가 막 데리고 온 여자를 유혹할 것 같은 거동을 보고 불안한 마음을 참지 못했다.

이후 초선은 동탁에게, 여포가 항상 자기에게 유혹의 수작을 한다고 호소하면, 반대로 여포에게는 눈물을 흘리면서 동탁의 가혹한 점을 호소했다.

한번은 여포가 봉의정에서 초선과 데이트를 하고 있는 것을 보고 달려온 동탁에게 창을 던졌다. 그후 부자의 반목 시비는 벌어져 버렸다. 동탁의 심복인 이유는 몇 번이나 초선을 여포에게 사양하도록

권했으나 동탁은 안색을 달리했다.

그리고 그를 꾸짖었다.

"자네의 처를 여포에게 줄 수 있는가. 초선의 일에는 참견하지 말게나."

그뒤 그는 초선을 비오라는 곳에다 옮겨 놓았다.

왕윤은 비관하고 있는 여포를 불러서 주연을 베풀었다.

"동탁 어른이 나의 딸에게 손을 대고, 장군의 아내를 빼앗다니 정말 천하의 웃음거리외다. 동탁 어른이 웃음을 사는 게 아니라 바로 우리가 비웃음을 사고 있어요. 아무튼 나는 늙었고 무능한 사람이지만 당신은 일대의 영웅이요, 장군이니 이 수모를 어떻게 견디겠소?"

"사나이로 태어나서 언제까지나 남의 밑에만 있으란 법은 없지 않소."

이렇게 여포는 술기에 곁들어 노여움을 표시하자 왕윤은 동탁의 암살음모를 비치었다. 여포는 노한 김에 분연히 그 음모에 가담하기로 맹세했다.

그를 왕윤은 여포와 동향인이면서 승진을 못하고 동탁을 원망하고 있는 이숙을 불러서 암살계획을 짰다. 천자, 즉 임금이 양위한다고 속여서 동탁을 한껏 마음이 들뜨게 만들어 놓고 하루는 장안의 성문에서 급습하여 죽였다.

후세 사람이 역사의 기록을 읽고 그곳에 갔을 때, 그를 애타게 여겨 읊은 시가 있다.

사도(왕윤)의 묘안을 홍군(초선)에게 의탁하여
간과를 쓰지 않고, 군사도 없이
세 번 호랑이굴에서 싸워도 다 헛된 일이로다.
개가는 오히려 봉의정에서 울리나니.

이 고사는 《삼국지연의》에 실려 있는 것을 요약한 것이다. 소설의 작자는 원말의 나관중이지만 본시 진수의 《삼국지》에 실려 있는 글이다. 흔히 말하기를 《삼국지》 자체가 모두 권모술수로 엮어지는 시대의 산물이라고 하여 그 표본으로 삼고 있다.

왕윤은 권신 동탁과 맹장 여포가 둘다 색을 좋아함을 노리고 초선의 색향과 감언을 뿌려 두 사람 사이를 원수지간으로 획책했다. 그래서 우선 초선을 여포에게 시집보내겠다고 해놓고는 실은 동탁에게 헌상하였다. 두 사이를 파괴할 임무를 띤 초선은 교묘하게 두 남자를 농락하여 소기의 목적을 달성했다. 여기에 이유의 중개가 들게 되지만 동탁의 색심을 꺾을 수 없었다.

한편 여포를 충동하여 동탁의 암살에 가담하도록 음모를 꾸미는 왕윤은 영웅의 굴욕감을 자극하고, 반면에 국가의 재기라는 대의명분을 내세웠다. 여기에 이 음모가 성공한 열쇠가 있다. 아무리 친근한 사이라도 한 여자에게 두 남자가 모두 정신을 쏟게 되면 적이 되기가 쉽다. 이것이 미인계의 함정이다.

二

색향으로 농락한다

權謀術數

오나라와 월나라는 춘추전국시대에 이웃 나라로 항상 싸움질이 그칠 사이가 없었다. 기원전 496년 오왕 합려가 월왕 구천에게 패하여 죽었다. 3년 후 오왕의 아들 부차는 회계산에서 구천을 대파하고 아버지의 원수를 갚았다.

구천은 오왕의 신하가 되어 와신상담하면서 마음을 달래며 복수의 기회를 노렸다. 그리고 오왕 부차의 호색을 이용하여 오나라를 혼란케 하는 일곱 가지 음모 중 한 가지로서 구천의 신하인 문종과 범려가 짜낸 것이 다음의 음모이다. 이 미인계에 뽑힌 것이 유명한 서시라는 미녀였다.

서시는 월나라의 시골 미녀로 월왕 구천으로부터 예의범절을 배운

후에 오왕 부차에게 헌상되었다.

계획한 대로 부차는 서시를 총애하노라 내정을 소홀히 하게 되고, 그러다가 허영심을 만족시키기 위하여 대군을 이끌고 황지에서 제후와 맞싸워 천하의 패권을 다투기에 이른다. 구천은 부차가 서울을 비운 틈을 타서 오나라의 서울을 급습하여, 도로 침공해 오는 부차의 군을 무찔러 부차를 자살케 만들고 마침내 오나라를 패망시켰다.

중국에서는 미녀를 두고 하는 말에 경국 또는 경성의 꽃이라고 부른다. 《한서》에는 "북방의 가인이 있어, 절세의 몸으로 홀로 섰으되, 한번 표정을 쓰면 남의 성을 기울게 하고, 두 번 돌아보면 남의 나라를 망하게 한다. 비록 성을 기울게 하고, 나라를 기울게 됨을 모르더라도 가인은 다시 얻을 수 없나니라"라는 시구에서 비롯된다.

어찌하여 미녀가 경성·경국의 일을 하는가 하면 그것은 미녀는 항상 쟁탈의 대상이 되고, 총애의 대상이 되어 나라를 망쳤기 때문이다.

서양에서는 고대 그리스시대의 호머는 그의 글에서 미녀 헬렌을 둘러싼 쟁탈전으로 하여 트로이와 그리스의 전쟁이 벌이지게 되었다고 썼다.

중국 역대의 왕조에는 이외로 여자에 얽혀 망국한 사건은 꼬리를 물고 이어져 있다. 은나라의 주왕과 달기, 주나라의 유왕과 포사, 당나라의 현종과 양귀비 등은 널리 알려진 이야기다.

다 아는 바와 같이 클레오파트라는 절세의 미를 무기로써 먼저 카이저를 유혹하여 권력을 쥐고, 이어서 안토니우스를 사수하여 로마에 반기를 들게 했다.

파스칼은 유명한 그의 《팡세》라는 명상록에서 하나의 가설을 세워, "만약 클레오파트라의 코가 한 치만 낮았더라도 세계의 역사는 변했을 것이다"고 추정했다.

이 한마디를 보더라도 미녀의 힘의 위력은 누구나 알 것이다.

三

여자의 약점을 노린다

權謀術數

진나라는 초나라의 금중이라는 지방을 손아귀에 넣고 싶은 생각에서 무관의 요새에서 동쪽에 있는 진나라 영토와 교환하자는 조건을 내놓았다. 이에 대해 초나라왕은 대답했다.

"토지교환은 원치 않으나, 책사 장의를 내놓는다면 금중의 땅을 드리겠소."

진왕은 장의를 주고 싶었으나 차마 입 밖에 낼 수가 없었다. 장의는 왕의 심중을 알아채고 스스로 초나라로 가고 싶다고 자원했다. 진나라의 혜왕은 말하였다.

"초왕은 당신이 상과 어의 영토사건으로 배신한 것을 앙심 품고 있소. 당신에게 보복하려는 심사가 있을 것이오."

"진은 강하고 초는 약합니다. 나는 초나라의 근상이라는 자와 친근합니다. 근상은 또 초왕의 총비 정유를 모시고 있는 몸이오. 정유의 말이라면 초왕은 따를 것입니다. 더구나 나는 임금님의 사자로 초나라로 가는 것이니 어찌 함부로 나를 사형시키겠습니까. 비록 내가 살해된다고 하더라도 진나라를 위하여 금중의 땅을 얻을 수 있다는 것은 나의 더없는 기쁨이 아닐 수 없습니다."

이리하여 장의는 초나라에 사절로 가게 되었다. 초나라의 회왕은 장의가 도착하자 그를 감옥에 가두어 죽이려고 하였다. 그래서 근상이 정유에게 말하였다.

"왕비께서는, 임금께서 곧 낮은 신분으로 처리하려는 일을 알고 계십니까?"

"무슨 말씀입니까?"

"진왕은 매우 장의를 총애하기 때문에 기필코 석방시키려는 속셈으로 곧 상용지방의 여섯 개 고을을 초나라로 보내고 아름다운 왕녀를 초왕에게 혼사를 시켜서, 궁중의 가희·미녀들을 모두 그 수족으로 삼으려 하고 있습니다.

임금님은 영토가 소중하므로 진나라를 후대할 것입니다. 그렇게 되면 진의 왕녀는 반드시 높은 왕비의 자리를 누리게 되고 부인께서는 푸대접을 받게 될 것입니다. 장의를 감옥에서 내놓게 하는 것이 상책으로 생각합니다."

이 말을 들은 애첩 정유는 주야로 초왕을 설득하였다.

"남의 신하가 되면 누구나 그 주군을 위하여 일하는 게 옳지 않습니까. 지금 아직도 약속의 토지는 진나라에 진상하지 않았습니다.

진나라는 장의를 시켜 임금에게 더없는 경의를 표하고 있습니다. 만약 임금께서 아직 약속의 예를 다하기 전에 장의를 죽인다면 진나라는 반드시 크게 노하여 초나라를 치러 올 것입니다. 우리 모자를 양자강의 남쪽으로 옮겨 주십시오. 그래야 진나라의 참수를 당하지 않을 것입니다."

초왕은 이 말을 듣고 후회하여 장의를 용서하고 전과 같이 후한 대접을 하였다.

잡힌 몸이 된 장의는 초나라를 섬기는 친구인 근상의 꾀를 이용하여 왕비인 정유의 약점을 노리고 '진왕의 아름다운 왕녀를 초왕에게 시집오게 한다'는 계략적 암시를 주었다. 그것만으로 정유는 즉각 초왕에게 호소하여 장의를 석방하도록 공작을 세웠다.

이 이야기는 오왕 부차가 사랑의 포로가 되어 간계에 속아, 피살되는 경우와는 달리 여자의 허점을 정통으로 노려서, 그녀의 실각의 위기를 선동하여 여성 자신을 움직이는 음모다.

여자를 이용하여 적의 환심을 사서 그 넋을 마비시키는 미인계는 고래로 수없이 사용되어 왔다. 미인계의 수법은 그밖에도 얼마든지 음모의 수단과 방법을 달리하여 사용되는 고금동서의 최대 음모의 유형일 것이다.

四

화병 끝에 분사시킨다

權謀術數

삼국시대의 일이다. 위나라의 대화 원년이라고 하면 기원전 227년이다. 위나라의 황제는 제갈공명의 기산 진출을 듣고 크게 놀라서 후퇴하고 있는 조진을 총지휘관으로, 곽회를 부사령관, 왕랑을 군사령으로 임명하고, 그해 11월 출진을 하여 기산의 정면에서 촉나라 군사인 제갈공명과 대진을 하였다.

여기서 중국 고대 전쟁의 독특한 싸움 결판의 직전에 있는 '욕싸움'이 시작되었다. 이것을 '매진'이라고 한다. 먼저 왕랑이 말을 달려 진열의 앞으로 나아가서,

"귀공은 천명을 분별하고 시기의 흐름을 알면서도, 무모한 싸움을 하고자 하다니 몹쓸 일이로다. 애당초 천명에는 변화가 있어서, 제위

가 바뀌어 덕이 있는 자에 돌아가는 것이 자연의 도리일 것이다."

하고 계속해서 조조의 공덕을 찬미하였다. 그리고 "하늘의 뜻을 따르는 자는 성하고, 하늘의 뜻을 거역하는 자는 망하리라"고 외치며 초의 군사가 귀순하기를 권고하였다.

이 말을 듣고 촉의 군사들은 한없이 감탄하고 모두들 "그럴 듯하군" 하고 끄덕이고 있는데 공명은 입을 다물고 아무런 말이 없다. 진중에 있던 참모의 마속은 "옛날에, 계포가 한의 고조를 욕질하며 적진을 돌파한 일이 있었소. 왕랑은 지금 그 계책을 쓰고 있소" 하고 생각하고 있었다.

그때 공명은 수레 위에서 큰소리를 내어 껄껄 웃어 젖혔다.

"그대는 한조의 원로인저, 필경 고담이 있을 것으로 생각하였던바, 겨우 그따위 말버릇이란 말인가. 이번에 군명을 받들고, 싸움을 일으켜 대의에 의하여 역적을 치련다. 그대가 진렬 앞에 나가서 함부로 천명을 입에 담다니, 운명은 마지막인 줄 알아라. 흰머리의 늙은이, 백수의 역적이여. 그대는 즉각 저승의 황천으로 가겠지만, 한나라의 24제왕을 뵈올 얼굴이라도 있다고 생각하는가. 당장에 물러나서 다른 역신들을 승부에 내세우라."

이 말을 듣자 왕랑은, 다만 크게 신음소리를 내지르더니 말에서 굴러 떨어져 죽고 말았다. 후세의 사람들은 이때의 공명을 찬탄한 시를 남겨 추억으로 삼았다.

병마가 서진으로 나가자
웅재는 만인의 적을 대하여

오직 세 치의 설변을 떨쳐

늙은 간신을 매도하여 죽였도다

왕랑은 논리와 이치를 설파하였다. 듣는 사람은 일단 감탄한다. 그러나 공명은 감정에 호소하였다. 그 때문에 왕랑의 고담탁설은 무색해졌다. 왕랑은 자기의 패배를 알고, 피를 토하며 죽은 것이다.

五
남을 치켜 세워라

權謀術數

한씨가 새로이 성을 축조할 때 15일간에 완성하기로 하였다. 단교라는 사람이 토목일의 감독관이었으나, 한쪽 지방의 작업이 이틀 늦었다는 이유로, 단교는 그곳 관리를 체포하여 투옥시켰다. 감옥에 갇힌 관리의 아들이 허둥지둥 자고라는 사람에게로 가서 사정을 했다.

"당신만이 나의 아버지의 죽음을 구할 수 있는 분입니다. 제발 좀 살려 주십시오."

자고는,

"내가 구해 줄 테니 염려 마라."

하고 하였다. 그리고 단교를 만나기 위하여 함께 성벽 위로 올라가서 여기저기를 바라다 보다가 조용히 속삭였다.

"훌륭한 성입니다. 대단한 공로군요. 당신에게는 꼭 많은 상금이 내려질 것이오. 옛날부터 오늘까지 이렇게 큰 공을 세우고, 한 사람도 처벌하여 죽이지 않은 일은 전에는 물론 없었겠죠."

자고가 돌아가자 단교는 당장에 사람을 시켜서 밤중인데도 전에 투옥한 지방의 관리를 출옥시켜 석방하였다.

치켜세워 주어서 기뻐하지 않는 사람은 드물다. 아첨인 줄 알면서도 역시 기분이 나쁘지는 않다. 손자는 '노엽게 만들면 일을 그르치고, 자기 신분을 굽혀서 상대가 오만하게 만들라'고 하였다.

적을 치켜세워서 마음이 들뜨게 하면 마각이 들어난다. 과찬을 하여 흥분을 시켜, 속셈을 털어내게 한다. 나무에 올려놓고 허영심을 만족시켜서 선심을 쓰게 만든다. 그 방법은 결국 구슬러서 용기를 주고 무모한 행동으로 치닫게 하는 요령이 술수의 골자이다.

六

수모를 주어서 발분케 하라

權謀術數

소진은 조나라 왕을 설득시켜서 강대군 진에 대립해서 6개국이 뭉치는 합종동맹의 결성에 성공하고 있었으나, 진나라가 열국을 공격하여 동맹을 파기시킨 후에 자기에게 닥칠 사태가 궁금했다. 누군가 신뢰할 수 있는 사람을 진나라의 고관으로 있게 해두어야겠다고 내심 생각하고 있었다.

그래서 그는 사람을 장의에게 보내어 자기의 심정을 몰래 알아두게끔 하려고 획책했다. 그는 사람을 시키면서 이렇게 말했다.

"귀하는 전에 소진과 친구였었죠. 지금 소진은 권력의 중추역할을 하고 있습니다. 귀하는 어찌하여 찾아가 자기의 소원을 부탁하지 않습니까?"

장의는 그 말을 듣고 조나라로 가서 소진에게 면회를 청했다. 그러나 소진은 이미 수문장에게 장의를 들여보내서는 안된다고 일러놓았다. 한편으로는 장의가 수일간은 그곳을 떠날 수 없게도 만들어 놓았다. 그후에 만날 기회를 만들어 놓고 소진은 장의를 어전의 뜰에 앉혀, 종들에게 주는 음식을 내어주고 책문하였다.

"그대만한 재능이 있으면서 스스로 곤궁과 굴욕을 초래하여, 이같이 영락한 모습이 되었는가. 나는 임금에게 아뢰어 그대를 부귀한 사람으로 만들 수도 있지만 그대는 맡을 만한 인물이 되지 못한단 말야."

소진은 이렇게 말하고 장의의 청탁을 거절하고 내어보냈다. 장의가 찾아온 것은 옛 지기를 찾아서 이득을 구하려고 찾아온 것인데 오히려 수모를 당했으니 장의는 화를 냈다. 다른 제후에게 발탁되어 일하지는 못하지만 그는 진나라가 조나라의 피해를 입고 있는 것을 알고 그 길로 진나라로 찾아갔다.

한편 소진은 부하에게 말하였다.

"장의는 천하에 드문 훌륭한 인물이야. 나도 따르지 못하는 점이 있을 정도야. 지금 나는 다행히 벼슬을 먼저 얻고 있지만 진나라의 권력을 쥘 사람은 장의밖에 없어. 그러나 그는 가난하기 때문에 그 위치를 얻을 재력이 없다. 나는 그 사람이 작은 이익에 만족하여 인물이 크지 못할 것을 염려하여 수모를 주어서 분발을 하도록 해주었다. 귀하는 나를 대신해서 그에게 이 돈을 가져다 주게."

그리고 그는 조왕에게 청하여 금화와 차마를 구해서 부하를 시켜 몰래 장의의 뒤를 쫓아서 같은 숙소에 머물게 하고, 저절로 친근하도록 된 뒤, 차마와 금전을 제공하여, 장의가 쓰고 싶은 만큼 돈을 지급하되 누구라는 이름은 밝히지 말라고 명령했다.

장의는 그 덕분으로 진의 혜왕에게 알현을 허용받았다. 혜왕은 그를 객경(외부인사로서의 고문직)으로 임명하고 열국토벌의 계략을 상의하였다. 소진의 부하는 그쯤 이별을 고하고 떠나기로 했다. 장의는 말하였다.

"귀하의 덕분으로 출세를 했습니다. 지금부터 은혜를 갚으려고 하는데 어째서 떠나려고 합니까?"

"내가 귀하를 알아온 것은 아니올시다. 귀하를 인정한 것은 역시 소진 어른이올시다. 소진 어른은 진나라가 조나라를 쳐서 합종책을 깨뜨리는 것을 염려하고 있습니다. 그분의 생각으로는 귀하가 아니면 진나라의 권력을 쥘 수가 없소. 그러니까 당신을 노하도록 발분케 한 것도, 내게 몰래 자금과 수레를 지급한 것도 모두 소진 어른의 계획이 있습니다. 이제 귀하께서는 진왕에게 중용되게 되었습니다. 이대로 돌아가서 소진 어른께 사실을 보고하도록 해주십시오."

이 말을 듣고 장의는 답했다.

"아, 나는 스스로 배워 익힌 술을 당하면서도 그것을 기채지 못했소. 내가 소진을 따를 수 없는 것은 명백하오. 더구나 나는 이제 겨우 새로 임명되었을 뿐, 조나라를 넘나본다는 것은 생각할 수 없소. 나 대신에 소진에게 인사말을 전해주시오. 소진의 시대에는 나는 하등의 의견을 말하지 않을 생각이라고. 그리고 소진이 그쪽에 있는 한 내게 무슨 일이 가능할 것이오."

장의는 그후에 대국 진나라의 재상이 되었다. 그러나 그후 소진이 재세하는 15년간은 진나라는 한 번도 함곡관의 요새에서 군사는 나가지 않았다.

출세한 사람이라는 것은 그 누군가의 격려의 말을 들었기 때문에, 혹은 입지전 속의 인물에 감동했기 때문이라기보다도, 남에게 큰 수모를 당하거나 치욕을 느껴서 '두고 보자'는 설욕의 결의로 하여금 입신한 사람이 많다.

이 굴욕감이야말로, 사람의 에너지를 참을 수 있는 한계까지 압축하고 한꺼번에 폭발시키는 힘을 가지고 있다. 특히 재능이 있음에도 스스로 굴욕과 곤궁을 자초한 사람에게는 더욱 유효한 술수이다.

七

취하여 이성을 잃게 한다

權謀術數

진나라의 무공 때 일이다. 서쪽 이민족인 융이 강대해졌기 때문에 무공은 그 왕실에 무희 16명과 솜씨 좋은 요리사를 보냈다. 융왕은 이를 기뻐하여 주색을 즐기고 낮과 밤을 헤아리지 않았다. 좌우의 신하가 진나라의 침략을 운운하는 자가 있으면 활로 쏘아죽이는 형편이었다. 과연 진나라로부터의 침략이 있었을 때 융왕은 술통 옆에 취하여 생포되고 말았다. 생포될 때까지는 진의 침략이 있으리라는 것을 알려고도 하지 않고 생포가 되어도 취하여 그것을 기채지 못했다. 아무리 설득이 능수한 부하도 이렇게 이성을 상실하면 말이 안된다.

술에 취하도록 만들어서 포로로 잡는다. 술에 취하게 하여 암살한다. 술에 취하게 하여 진실을 실토케 한다……술에 취하게 하여 무지억지로 일을 저지르게 한다. 헤일 수 없을 만큼 사람은 술잔에 적을 노리고 있다.

옛날 신화시대에는 바커스가 있어서 사람을 유혹했고, 오늘의 호스티스는 월급쟁이의 호주머니를 노리는 등등 술에 얽힌 음모와 술수도 각양각태이다.

그런데 반면에 남을 취하게 하는 것이 아니고 스스로 술에 취한 척 하여 적의 감시를 벗어나는 술수도 있다.

한나라 고조인 유방이 죽은 뒤, 왕비 여태후가 집권을 하자 소위 여씨 일족의 횡포가 시작되었다. 지금까지 지모에 뛰어났던 우재상의 진평은 그들의 주의를 피하기 위하여 일부러 주색에 빠져서 헛소리를 해댔다.

"진평은 재상이 되어서 직무를 수행치 않고, 밤낮 술만 마시고 부녀를 희롱하고만 있소이다."

하는 중상모략이 빗발쳤다.

진평은 그 말을 듣고도 더욱 더 주색에 탐닉했다. 여태후는 이 소문을 듣고 안심하였다.

여태후가 사망하자마자 그는 주발과 공모하여 여씨 일족을 주살하고 효문제를 세우는데 성공하였다.

그런 예는 또 우리 조선시대에도 있었다. 말년의 대원군은 김씨와 조씨의 집권 하에서는 술에 취하여 마치 상가의 개처럼 술만 얻어 마시고 다녔다. 모든 소문이 그는 이미 걸객이라고 욕질했다. 그러나 그는 끝내 자기 아들을 임금으로 내세우고 대원군이 되었다.

술 자체는 음모나 술수의 도구에 불과하다. 이것을 어떻게 유효하게 이용하는가에 따라서 술수의 값어치가 결정된다.

제8장

이익으로 움직이는 계책

프랑스 사람은 이렇게 말한다.

"돈은 웅변보다 뛰어나다."

중국 사람은 말한다.

"돈만 있으면 도깨비에게 맷돌을 돌리게 할 수 있다."

일본 사람은 말한다.

"지옥의 사태도 돈 나름이다."

한국 사람은 말하기를 "돈이면 죽은 사람도 살릴 수 있다"고 한다. 금전의 효용에 대한 평가는 주의·사상에도 영향이 없고, 인종이나 국가에도 구애됨이 없이 만인이 모두 돈이면 그만이다.

성경까지도,

"술은 사람을 즐기게 한다. 그러나 돈은 어떤 일에도 그 대가를 해준다."

라고 씌어 있다.

요컨대 인간은 이익으로 움직인다. 그래서 한비자도 말한다.

"마차장이가 마차를 만드는 것은 모두가 부귀하도록 바라고, 관통장이가 관통을 만드는 것은 모두가 빨리 죽기를 바란다고 하지만, 이것은 마차장이가 인정이 많고, 관통장이가 인정이 없어서 그런 것은 아니다. 그 까닭은 사람이 부귀하지 않으면 수레가 팔리지 않고 또 사람이 죽지 않으면 관통이 팔리지 않기 때문이다. 관통장이는 사람을 미워하는 마음을 가지고 있지는 않지만 사람이 죽는 것이 자기의 이익과 관계가 있기 때문이다. 그러니까 후비나 왕비, 태자들이 도당을 꾸미게 되면 임금이 죽기를 고대하지만 이것도 군주가 죽지 않으면 자기들이 권세를 부릴 수가 없기 때문이며, 구태여 군주를 미워하기 때문은 아니다. 군주가 죽는 것이 자기들의 도움이 되기 때문이다.

그래서 군주 된 자는 자기의 죽음을 이익으로 삼으려는 사람을 조심해야 한다. 태양이나 달이 바깥쪽으로 무리를 짓듯이 외부의 수비를 견고히 하여도 실지의 적은 내부의 사람 속에 있으며, 자기를 미워하는 자들에 대해서만 대비하여도 실지의 화는 자기가 사랑하는 사람들 속에서 생겨난다."

한편 손자는 '이권으로 사람을 움직이고, 거짓으로 사람을 대한다' 라고 말하였다. 즉 이권으로 적을 유인하고 그 이면을 노려서 이를 공격하면 이긴다는 것이다.

이권으로 싸움을 유발시킨다

權謀術數

천하의 책사들이 합종책을 꾸며 소진이 재상으로 있던 조나라에 모여 진을 공략하려 하고 있을 때, 진나라의 재상 범수는 소양왕에게 말했다.

“전하께서는 염려할 것 없습니다. 그 계책을 중지시키고 말겠습니다. 진나라는 하등 천하의 책사들에게 원한을 살 까닭이 없습니다. 그럼에도 그들이 모여서 진나라를 치려는 것은 자기의 입신출세 때문입니다. 전하여, 저 개들을 보십시오. 누워 노는 자는 누워 놀고, 일어나는 자는 일어나며, 걷는 자는 걷고 있으며, 가만히 웅크리고 있는 자는 웅크리고 있고, 싸움을 하는 자는 없지만 거기에 뼈다귀 한 개를 던져주면 순식간에 서로 덤벼들어 물어뜯기 시작할 것입니다."

번수는 이렇게 말한 뒤, 당수에게 시켜서 악사의 한 무리를 수레에 태우고, 수천금을 실어서 조나라의 무안이라는 마을로 가게 하여, 성대한 주연을 베풀고 책사들을 환대하기도 했다. 범수는 당수에게 이렇게 귀띔을 주었다.

"한단(조나라의 서울)에 있는 책사들 중에서 누가 돈을 구하러 올지는 모르지만 그때 진나라를 치려고 획책하고 있는 놈에게는 돈을 주어서는 안된다. 주어도 좋은 사람은 형제의 교제를 맺는 것이 좋겠어. 그대가 진나라를 위해서 죽어도 좋다고 생각해서 주는 경우라면 돈은 어떻게 써도 좋다. 그렇게 돈을 쓰고 나면 필경 도움이 있을걸세. 덧붙여 5천금을 더 다른 사람에게 주어서 가져가게 할 테니까 잘 알아서 해요."

당수가 무안에 도착하여 채 3천금을 뿌리기도 전에 책사들은 돈을 탐내어 서로 각축을 벌였다.

이 이야기는 범수가 진나라 재상에 임명되기 전, 즉 기원전 266년에 진·조가 장평에서 싸우기 전까지, 즉 기원전 262년 사이의 일이다. 천하의 책사들이 조나라 서울에 모여, 진나라를 치려는 음모를 서로 마주앉아 떠들어대는 그 한창판에 진의 재상 범수가 그 대응책으로 안출한 것이 이 금전공략이었다. 흔히 반대의 소리를 억압하는데 무력탄압이라고 하는 물리적 소멸작전보다도, 돈의 미끼에 의한 심리적 방음장치를 설치하는 것이 더 효과적이다. 수많은 정치가들도 이 원리에 따라서 행동하였기 때문에 권력을 잡을 수 있었다.

二

뇌물로 매료시킨다

權謀術數

위나라의 서문표는 업의 태수로 임명되었으나 청렴결백하여 사리를 도모하지 않고 측근의 인사들을 안중에 두지 않았기 때문에 근신들은 모두 서문표를 미워했다. 그래서 1년이 지나서 서문표는 행정보고를 하러 조정에 나오자, 문후는 그의 관인을 몰수하고 해임하려고 했다. 그러나 서문표는 스스로 이렇게 청원했다.

"나는 지금까지 업을 다스리는 요령을 모르고 있었습니다만 이제는 좀 그 판단이 설 것 같습니다. 바라건대 한번 더 관인을 하사하여 주셔서 업을 다스려 보고자 합니다. 만일에 다시 잘 다스리지 못하면 사죄라도 달게 받겠습니다."

문후는 그의 말을 듣고 보니 불쌍하게 여겨서 다시 관인을 내려주었다. 서문표는 이제는 백성으로부터 무거운 세금을 받아들이고 부지런히 근신들에게 선물을 보냈다. 1년이 지나서 다시 행정보고를 위하여 조정에 나가자 문후도 마중을 나와서 정중하게 대우하였다. 그래서 서문표는 말하였다.

"지난 해에 나는 어른을 위하여 업을 다스렸습니다만 당신은 나의 관인을 몰수하였습니다. 그래서 이번에는 근신을 위해 업을 다스렸더니 당신은 나에게 감사하였습니다. 이렇게 해서는 결코 지방을 다스릴 수 없습니다."

그리고 그는 관인을 스스로 내어놓고 사직하려고 하였다. 문후는 그를 돌려주며 말했다.

"나는 지금까지 당신을 알지 못했다. 지금은 알았으니 부디 이번에는 나를 위하여 업을 다스려주오."

그러나 서문표는 끝내 받지 않았다.

오늘날 우리의 사회에서는 회사를 위하여 전력을 다해도 훌륭한 업적을 올린 유능한 간부가 반드시 회사로부터 재능을 인정받는다고 할 수는 없다. 반면에 유능하기 때문에 경쟁자들의 질투를 사고, 화를 입는 경우가 있다. 그리고 오직 간부진이나 우두머리의 측근에게 아첨이나 떨고, 뇌물이나 바치는 사람이 회사에는 손해가 되더라도 빨리 출세하는 경우가 많다. 출세는 능력만으로 되는 것도 아니며 또 성의만으로 본분을 다한다고 되는 것도 아니다.

三

곡선적으로 심리를 유도한다

權謀術數

위나라의 문후 때에 상지라고 하는 지방의 태수가 된 이리라는 사람은 백성에게 활쏘기를 장려하려고 이렇게 포고를 내렸다.

“소송이 의아스러워서 판결을 내리기가 어려운 경우에는 쌍방에게 활쏘기를 시켜 과녁을 뚫은 자를 이기게 하고 맞지 못한 자를 진 것으로 하라.”

포고가 나붙자 사람들은 모두 서둘러 활쏘기를 배워서, 주야를 쉬지 않았다. 얼마 후에 진나라와의 전쟁이 일어났을 때 적을 마구 무찌른 것은 이 고을의 사람들이었다. 사람들이 활쏘기에 능했기 때문이다.

대개의 경우 장려술이라는 것은 목적을 분명히 밝히고 있지만 그것이 반드시 좋다고 할 수는 없다. 간접적으로, 그 당사자들의 이익이 되게 하면 사람들은 움직이기 마련이다. 한비자는 이 일에 대해서 다음과 같이 설명하고 있다.

"뱀장어는 뱀을 닮았으며, 누에는 감자벌레와 비슷하다. 사람은 뱀을 보면 놀라고, 감자벌레를 보면 끔찍하게 여기지만, 어부는 뱀장어를 손으로 잡고 여자들은 누에를 손으로 만진다. 자기에게 이득이 있다면 사람은 누구나 고대의 용자인 위나라의 맹분이나, 오나라의 전제와 같이 용기를 내는 법이다."

전에 나치 히틀러 정권이나 일본 군국주의자들이 국민에게 국가를 위해 용맹을 강조하고 충성을 다짐했지만, 이것은 지배집단의 권력자나 특권층의 자기옹호를 위한 것이고 국민을 위한 것이 아니었다는 이유 때문에, 말하자면 국민의 이익에 어긋나는 일이었다. 간접적으로 심리를 유도하건, 직접적으로 하건 음모가 탄로나지 않으려는 당사자의 이익을 사실상 고려하는 유도정책을 써야 한다.

四
배후에서 손을 쓴다

權謀術數

한나라의 재상 장견의 병이 위중해졌을 때, 공승·무정이라는 사람이 금 30냥을 품에 넣고 병문안을 갔다. 그후 1개월이 지난 뒤 한왕 자신이 스스로 장견의 병문안을 가서,

"만약 당신에게 만일의 사고라도 있으면 누구를 그 후임으로 하면 쓰겠소?"

하고 물었다. 장견은 대답했다.

"무정은 법을 존중하고 윗사람을 섬기는 사람입니다만 공자인 식아가 민심을 잘 살피고 있는 것에는 미치지 못합니다."

막상 장견이 사망하자 한왕은 무정을 재상에 임명하였다.

장견의 뒤를 이을 한나라의 재상 후보인 공승·무정과, 공자·식아는 서로가 경쟁상대였다. 그러나 그 승리는 돈 30냥을 품에 넣고 병문안을 간 무정에게 돌아갔다.

막상 저 세상으로 떠날 사람도 돈 30냥에 자기의 후임을 천거했다. 한왕은 양자택일을 촉구받았을 때 장견의 한마디로 민심을 파악하고 있는 공자인 식아보다도 법을 존중하고 윗사람을 섬기는 무정을 재상으로 삼는 것이 군주에게 이롭다고 생각한 것이다.

이것도 역시 '지옥의 사태도 돈 나름이다'고 말할 수 있다.

일본의 수상 타나카는 금권의 힘으로 자리를 유지하다가 그 끄나풀이 탄로되어 물러났다. 그러나 대개의 경우 돈이면 어떤 감투도 사들일 수가 있고, 심지어 박사학위도 돈으로 매매되는 것이 한국사회의 일면이다. 쇄신서정이 강조되기 전에는 자본가들은 몇 푼의 잉여가치를 교육에 기부하면 그날로 교육가나 육영사업가나 된 것처럼 그리고 사회복지에 투입하면 자선가나 된 것처럼, 그리고 일반 민중에게 뿌리면 정치가나 국회의원이나 된 듯이 날뛰고, 또 정치헌금이건 뇌물이건 돈이면 다 되는 것처럼 놀았다. 나아가서 그 돈의 액수가 극대화하면 나라도, 세계도 움직일 수 있는 듯이 설쳤다.

五
돈을 뿌려서 내부를 교란시킨다.

權謀術數

기원전 237년, 진왕정 10년째 되는 해에 양나라의 법가인 위료가 진나라로 유세를 왔다.

"강국 진나라의 힘에 비하면 제후의 힘은 군현의 신하에 비길 수 있는 실로 미약한 것입니다만, 다만 그 제후가 합동하여 기습을 한다면 감당하기가 어려울 것입니다. 원컨대 대왕께서는 재물을 아끼지 말고 제후의 중신들에게 뿌려서 합종의 책모를 흩뜨려 놓으십시오. 그 돈은 불과 30만금이면 족할 것이며, 모든 제후는 쉽게 멸망할 것입니다."

이 말을 듣고 진왕정은 흠뻑 기뻐하며 그 책모를 전면적으로 채택하기로 하였다. 한편 위료에 대해서는 신하의 대우를 하지 않고 그

의복과 음식을 자기와 같은 것을 주어서 기거도 함께 하면서 종일토록 천하통일의 비책을 연마했다고 전해진다.

그러나 막상 요는,

"진왕은 그 사람됨이 코가 높고, 눈이 가늘며, 독수리처럼 가슴이 톡 튀어나오고, 이리와 같은 음성을 가졌으며, 잔인하기는 호랑과 같은 마음을 가지고 있다. 그가 곤궁할 때는 비하하지만, 세력이 있을 때는 예사로 사람을 업신여긴다.

나는 일개 평민이지만 진왕은 항상 내게 공손한 체하지만, 만약 진왕이 천하의 뜻을 얻게 되면 천하의 것은 모두 진왕의 노예가 될 것이다. 오래 사귈 인물은 아니다."

하고 말하였다.

그래서 그는 진나라를 탈출하려고 시도했으나 탈출은 실패하고 말았다. 진왕은 굳게 요를 만류시켜서 군사의 최고장관인 위로 임명하고 그의 음모와 술수를 이용하여, 이사로 하여금 실행케 하였다.

이사는 우선 간첩에게 금전·보화를 주어서 제후의 나라를 유세시켜, 권신 중에 매수할 수 있는 자가 있으면 아낌없이 돈을 뿌려서 연락을 긴밀하게 했다. 그에 응하지 않는 자가 있으면 자객을 시켜서 암살을 해버렸다. 첩자의 공작으로 군신 간을 이간시켰다. 그 일이 잘 되면 다음에는 군사를 보내어 공격을 시도하는 단계적 조치를 취하는 것이었다.

이리하여 마침내 기원전 221년 즉, 진왕정 28년에 이 술책으로 진나라는 천하를 통일하고 시황제라 칭하게 되었다.

이 금전매수의 간책은 범수가 만들어낸 합종책의 대응책으로 그 교란을 위한 것으로 생각되자 주목적의 내부교란책으로 사용되었다. 그 책모를 진언한 위료라는 인물은 24편의 병법서를 쓴 주인공으로 알려져 있으나 그 진부는 명백하지 않다.

적의 내부교란책에 관해서 병서 《육도·삼략》 가운데의 '육도'에 다음과 같은 12책이 쓰여 있다.

❶ 적의 장수의 기호를 조장하고 오만케 하여, 그 허점을 찌른다.

❷ 적의 측근을 포섭한다.

❸ 몰래 적장과 그 측근을 매수한다.

❹ 적장에게 보화와 미인을 보내어, 음탕과 사치의 극에 이르게 하여 간계를 꾸민다.

❺ 적의 사자를 회유하여, 적에 대한 책모를 꾸민다.

❻ 적의 내부를 이간하여, 내외가 호응한다.

❼ 적의 심복을 매수하여 정치를 태만케 하고 적국을 퇴폐케 한다.

❽ 배반자를 포섭하여 후에 높은 녹으로 미끼를 삼는다.

❾ 적장을 거만하게 떠받들어서 뒤엎는다.

❿ 적국의 심부에까지 파고들어, 자멸을 기다린다.

⓫ 도당의 조직망을 종횡으로 펴서 적국을 가로막는다.

⓬ 적국의 난신을 양성하여 미녀와의 교섭을 하게 하여 현혹시키고 자멸을 초래케 한다.

이 글은 내부교란의 책모이며 악마의 성서로서 극히 높은 가치가 있는 원전으로 생각되고 있다.

오자도,

"상대를 치는 도는 반드시 상대에게 이권을 보여주고 연후에 그를 유인하고, 떠나버리면 어떤 군사도 이권을 탐내어 그 장수를 떠날 것이다."

하고 지적하고 있다.

六

싸움을 대행시킨다

權謀術數

초나라가 대군을 이끌고 제나라를 침공했다. 제나라 위왕은 순우곤을 사절로 조나라에 보내어 구원군의 출동을 요청하기 위하여 황금 백 근(약 26킬로그램)과 사두마차 열 조를 선물로 가져가게 했다. 그러자 순우곤이 하늘을 쳐다보고 크게 웃었다. 왕은 이상하게 생각하고 물어보았다.

"선생은 적다고 생각하시오."

"무슨 말씀을?"

"웃는 데는 무슨 할 말이 있을 것이 아니오."

"방금 제가 동쪽에서 들어올 때, 길가에서 풍작을 비는 남자를 만났습니다. 돼지족발 한 개와 술 한 병을 차려놓고—오곡이 무르익어서 열매를 맺고, 집에 가득 차도록 해주십사—라고 빌고 있었습니다. 차려놓은 음식은 인색하면서 소망은 매우 컸습니다. 그것이 생각이 나서 웃었습니다."

그래서 위왕은 황금 천 일(약 380킬로그램)과 백목 열 패, 차마 백 조로 늘려서 선물로 하여 순우곤이 조나라로 가자, 조왕은 정예군사 10만과 병차 천 대를 제공하였다. 초나라는 이 소식을 듣고 밤사이에 군대를 철수시켰다.

태공망의 낚싯법에 의하면 작은 고기에는 작은 미끼, 큰 고기에는 큰 미끼로 낚는 것이 원칙이다. 낚싯밥이 너무 적으면 대어는 쳐다보지도 않는다. 가령 대어가 어쩌다 시식을 하여도 낚싯줄은 끊어지기가 쉽다. '돈의 끝장은 인연의 끝장'이라는 말은 정통으로 이런 경우를 가리키는 말이다.

제9장

적의 허를 찌르는 기모

손자는 말한다.

—공격을 능숙하게 잘하는 자에게는 적은 그 수비할 바를 알지 못하게 되고, 수비를 능숙하게 잘하는 자에게는 적이 공격할 곳을 알지 못하게 된다. 미묘할진대 눈에 보이지 않는 데 이른다. 신통할진대 소리가 나지 않는 데 이른다. 그런 까닭에 능히 적의 생명을 제어할 수 있다. 아군의 진격을 막을 수 없음은 그의 허를 찌르기 때문이다. 아군의 후퇴를 적이 추격하지 못함은 아군의 행동이 신속하여 따를 수 없기 때문이다.

적을 공격하려면 정면충돌, 곧 실을 피하고 그 허를 찔러야 한다. '허'는 요해이며, 간격이며, 약점이며, 급소이다. 허를 찌른다는 것은 적의 무방비에 편승하여 혹은 미리 무방비를 조장시켜 놓고 그 허점을 파고들어가 그 빈틈을 노리는 술책이다. 적이 예상하고 있지 않는 구석을 돌연 공격하기 때문에 적은 지킬 재주가 없을 것이다.

대항력이 적은 공간을 최대한으로 이용하고, 공격을 가하는 원칙에 입각해서 적의 '허점'에 집중공격하는 것이 이 술수의 근본이다.

남의 급소를 찌른다

權謀術數

기원전 354년, 즉 위나라 혜왕은 이웃 나라인 조나라를 공격했다. 그래서 조나라는 제나라에 구원을 청했다. 이때 제나라의 위왕은 병법가 손빈의 말을 듣고 전기를 장군으로 하고 손빈을 군사로 삼고, 위나라의 수도인 대량을 침공한 일이 있다.

이때 손빈의 진언이 곧 적의 허를 찌른 묘책이었다.

말하자면 조나라를 치기 위해 위나라의 군사가 잔뜩 전선으로 집결하여 대판 전쟁을 치루어 서로가 지치고 있을 때 위나라의 수도를 침공하는 것은 바로 '남의 급소를 기습하는 술책'이다.

이 전법은 또 때가 전국시대니 만큼 실상은 조나라가 너무 강해도 안된다. 싸우는 두 나라가 모두 전쟁으로 피폐하도록 시기를 기다려, 위나라를 친 것은 그만큼 조나라에 은혜를 파는 술도 되는 것이다. 그러니까 일석삼조의 묘책이 바로 이 허를 찌른 술책이다.

고래로 공격의 태세라는 것은 천시·지리·인화라고 하는 객관적 우열승패의 조건을 필요로 한다.

천시라는 것은 역사적 시각적 기후적인 조건이다. 지리는 지리적 공간적 지형적인 유리한 요소이다. 인화라는 것은 인간관계가 잘 들어맞고 결속하는 것이다.

아무리 난공불락의 적진이라도 1년 365일, 하루 24시간, 모든 순간에 '허'가 있다고는 할 수 없다. 아무리 유리한 위치에 서고 견고한 요새를 완고하게 지키고 있어도 개미의 구멍 하나도 없다고는 할 수 없다.

더욱 아무리 사기가 높고, 철석 같은 단결이 있어도 정신적인 태만이나, 인간적인 옥신각신이 없을 수는 없다. 또 아무리 전략적인 면밀한 계획이 있다고 하더라도 천려일실이라는 가능성이 없다고 할 수는 없다.

그와 같은 천시·지리·인화의 허를 찌르고, 적의 맹점을 파고드는 것이야말로 실을 피하고 '허'를 찾는 술책이다.

하물며 위나라는 정병을 동원하여 조나라를 치고, 요긴한 수도가 텅 비어 있었으니 그 급소를 손빈에게 찔리고 참패를 당한 것은 무리가 아니다. 맛있는 미끼라고 너무 정신없이 물어뜯고 있다 보면 언제 자기의 옆구리를 찔릴지도 모르는 것이 짐승이나 사람의 습성이다.

二

상대편의 불행을 노려라

權謀術數

월나라가 큰 기근을 만나자 범려가 구천왕에게 다음과 같이 진언했다.

"임금님, 하등 염려할 것은 없습니다. 이번 기근은 오히려 월나라에게는 다행이고 오나라에게는 화가 될 것입니다. 도대체 오나라는 매우 물자가 풍부하여 남아돌고 있는데 오왕은 연소하여 사려와 재능이 미진합니다. 임금이 만약 예를 중하게 하고 머리를 숙여서 오나라에 부탁을 하면 기필코 융통을 해 줄 것입니다. 그러나 언젠가는 월나라가 오나라를 빼앗게 될 것이니까 하등 염려할 것이 없습니다."

하니 오자서가 이렇게 경고했다.

"주어서는 안됩니다. 도대체 오나라와 월나라는 영토가 근접한 이웃 나라로 사람의 왕래도 쉽고 말하자면 원수지간의 나라입니다. 그러니까 오나라가 월나라를 멸망시키지 않으면 반드시 월이 오를 멸망시킬 것입니다.

지금 그 월나라에게 양곡을 보내고 식량을 주겠다고 하는 것은 자기의 원수를 키워서 기르는 것과 같습니다. 그러나 일단 오나라의 물자가 궁핍하게 되고 백성이 불안한 마음을 품게 되면 그때는 후회해도 소용이 없습니다. 그것보다도 주지 않고 곧 침범하는 것이 옳은 일인 줄 아뢰오. 옛날 우리의 황제 합려께서 패자가 되신 것도 그 술책이었습니다. 더구나 기근이라는 것은 번갈아 일어나는 것이며 말하자면 언덕과 연못과 같은 것이어서 어느 나라나 염려하지 않을 수 없습니다."

그러나 오왕은,

"아니 그렇지 않소. '의병은 복종한 자를 치지 않고, 인자는 굶주린 자에게 먹을 것을 준다'고 할 수 없고, 기근에 시달리고 있음을 보고 먹을 것을 주지 않는 것은 인자라고 할 수 없소. 불인과 불의에 의거한다면 비록 월나라를 열 개 취할 수 있다고 하더라도 나는 그렇게 하고 싶지 않소."

하고 끝내 식량을 나누어 주었다.

그후 3년이 채 되기도 전에 이번에도 오나라가 기근을 당하여 사람을 시켜 월나라에 식량을 부탁하였으나 월왕은 그것을 주지 않을 뿐만 아니라 쳐들어와서 오왕 부차는 포로의 몸이 되었다.

"적에 대해서 관용하다는 것은 자기편을 위해서는 잔혹하다는 얘기이다."

라고 흔히 말한다. 오왕은 적국인 월에 대하여 '인의'를 존중하였기 때문에 이른바 '송양의 인'으로 스스로의 허를 찔러 멸망하였다.

여기에 이른바 중국사상의 양대조류인 공·맹의 인의주의와, 그 반대되는 술책 또 병가주의의 사상의 갈림길이 있다. 인의의 도를 지키려면 술수주의에 패하고 만다는 고사가 곧 '송양의 인'이다.

보통 난공불락의 적진에 공격을 가하려면 적의 약점을 목표로 삼지 않으면 안된다. 난공이라는 곳은 공격을 가하는 쪽의 힘에 비하여 반항력이 상대적으로 강대하기 때문이다. 그것은 작용하는 힘과 반작용하는 힘이 장기에 걸쳐 균형을 유지할 수 있다는 것이다. 그 경우 자기편의 힘을 증강하든지, 적의 힘을 약화시키든지 어느 쪽의 손을 쓰지 않으면 안된다.

그런데 자기 편의 힘을 증강할 수가 없으면 적의 힘을 약화시키는 음모는 꾀하는 것이 필요하다. 그래서 소극적으로는 적의 천제를 이용하던지 적극적으로는 인재를 일으키도록 할 필요가 있다.

천재가 있든 인재가 있든 적의 불행에 편승하여 공격을 가하는 것이 가장 적합한 시기라고 생각하지 않으면 안된다.

중국 사람은 이러한 사실을 '화재에 편승하여 공격한다'고 말한다.

적이 난데없는 재난을 당하여 손발을 쓸 수도 없을 때 이쪽에서 우물우물하다가 좋은 기회를 놓치고 있으면 다음에는 터무니없는 재난이 닥치게 될 것이다.

대개의 반란이나 혁명의 성공은 모두가 적 또는 상대편의 불행을 노리는 것이 상례이다.

'인의'라는 것은 적이 자기편에 허를 만들어 내게 하기 위한 음모이다—라는 역설적 논리를 만들 수도 있다.

이런 까닭에 사람의 위급한 기회를 틈타고, 혹은 회사의 재정궁핍이나, 경영부진의 시기에 필승하여 공격을 가하는 것이 작전상으로는 매우 효과적이다.

三

거짓으로 유도하라

權謀術數

한의 6년(기원전 201년), 고조 유방에게 "초나라의 한신이 모반을 했습니다"라고 고하는 자가 있었다. 이것은 기실 유방이 한신을 두려워하여 꾸며낸 조작극이었다. 그럼에도 유방이 여러 장군들을 모아 놓고 물으니,

"즉각 출병하여 그자를 땅구덩이에 파묻어야 할 것이오."

하고 말하는 판이었다. 유방은 그의 계략의 효과를 보기 위해 묵묵히 앉아 있었다. 나중에 책사 진평에게 묻자 진평은 대답을 굳게 사양하면서,

"여러 장군의 의견은 어떠했습니까?"

하고 되물었다. 유방이 자상하게 그 상황을 얘기하니, 진평은 말하

였다.

"누군가 상서를 하여 '한신이 배반했다'고 합니다만 그 반란의 사실을 아는 자가 있겠습니까?"

"아직 아무도 모른다."

"한신이 고발한 상서에 대해서 알고 있겠습니까?"

"모를 것이다."

"폐하의 군사가 정예함이 초왕 한신의 군사에 비교하여 어떻습니까?"

"초나라 군사보다는 우수하다고 할 수 없다."

"폐하의 장군 중에는 용병에 있어서 한신 이상의 인물이 있겠습니까?"

"한신을 따를 사람은 없다."

"그럼 군사는 초나라보다 정예롭지 못하고, 장군도 무능하고, 그런데 군사를 일으켜 이를 공격하는 것은 그에게 전쟁을 걸고드는 것이나 마찬가지올시다. 은밀히 생각하건대 폐하를 위하여 그것은 무모하기 이를 데 없습니다."

"그럼 어떻게 하는 것이 좋겠소?"

"옛날, 천자가 여러 나라를 순행하여, 제후를 조회시킨 일이 있습니다. 지금 남쪽에 운몽택이 있습니다. 폐하께서는 다만 운몽에 바람 쐬러 간다는 구실로 제후를 진에서 조회를 하도록 하십시오.

진은 초나라의 서쪽 국경에 있습니다. 한신은 천자의 순행이 평온한 일이라고 듣게 되면 반드시 아무 일도 없다고 생각하여 교외까지 일부러 마중을 나와서 배알하게 될 것입니다. 폐하는 그 틈을 타서 그를 사로잡도록 하십시오. 이 일은 단지 한 사람의 역사가 있으면 가능한 일이올시다."

고조 유방은 이 음모를 그럴 듯하다고 생각하고, 즉시 사자를 제후에게 보내어,

"진에서 조회를 할 것이다. 나는 운몽으로 출유하리로다."

하고 알리고 그날로 출발했다.

유방이 아직 진으로 도착하기 전에 과연 초왕 한신이 도중에 마중을 나왔다. 유방은 미리 무사를 수배하여 한신이 온 것을 보고 그 자리에서 포박했다. 그리고 제후를 진에서 조회시킨 후, 초나라의 땅을 모두 평정하였다.

한신은 한나라 건국의 말하자면 일등공신이다. 유방은 한신이 혹 어떤 음모로 자기를 배반할지 그것이 두려웠다. 그래서 그를 계략으로 '반란을 음모했다'고 꾸며 그를 잡아죽였다.

그의 반란에 대해 소문만을 듣고도 '즉시 군사를 시켜서 그놈을 땅구덩이에 묻어야 한다'고 말하는 충동형의 부하에 비하면, 모사꾼 진평은 확실히 냉철형이다. 진평과 유방과의 대화로도 알듯이, 한가지 한가지 질문을 하여 객관적인 조건을 냉철하게 분석하고, 상황을 파악케 한다.

이것도 안되겠고, 저것도 자신이 없는 형편이다. 하여 왕실의 능력이 뚜렷하게 열등한 처지에 있는 이상, 저돌적 도전을 하면 피해를 입게 마련이다. 바로 자기가 열세한 처지에 있기 때문에 음모를 꾸밀 필요성이 커지는 것이다.

그래서 구실을 만들어 적을 기만하고 얼굴을 맞대는 그 순간 틈을 타서, 싸우지도 않고 이기는 방법이 바로 이 휼계이다.

손자는 다음과 같이 말하고 있다.

"상대를 움직이게 하기 위해서는, 상대를 움직이도록 꾸며야 한다. 그러한 상태를 만들어 주면 상대는 유도될 것이다. 상대가 원하는 것을 주면 상대는 반드시 취하려고 할 것이다."

이 말은 극히 상식적인 말이지만 한번 되씹어 볼 필요가 있지 않을까.

四
먼저 수급을 쳐라

權謀術數

전국시대(기원전 290년경), 진이 조나라의 서울 한단을 포위하였다. 조나라의 혜문왕의 아우 평원군 조승은 초나라에 구원군을 부탁하는 일행의 사절을 보내기로 했다.

그런데 평원군이 멀리 초나라로 출발하기에 앞서 20명의 수행원을 결정해야 했다. 그 19명을 결정해 놓고 최후의 한 사람에 마땅한 사람이 없어서 생각에 잠겨 있는데 모수라는 사나이가 자진해서 수행시켜 달라고 청하였다.

"선생은 졸자에게 몇 해나 있었소?"

"3년이 되는가 봅니다."

하고 말하는 것을 듣고, 평원군은 말하였다.

"현명한 사람이 세상에 있는 것은 송곳이 부대 속에 있는 것과 같소. 날카로운 끝이 당장에 밖으로 나타날 것이오. 그런데 선생은 졸자에게 3년이나 있으면서 어느 누구의 소문에도 오른 적이 없으니 졸자도 선생의 이름을 들은 적이 없소. 말하자면 무능하다는 말이오. 선생에게는 능력이 없소이다. 남아 계시오."

그러자 모수는,

"그래서 저는 오늘 바로 그 부대 속에 넣어 달라는 것입니다. 부대 속에 넣어보지 않으면 송곳 끝이 나오는지 안나오는지 알 수 없을 것입니다. 진작부터 부대에 넣어주었더라면 벌써 송곳 끝이 튀어나와서 송곳 끝이 어떻고 운운할 계제는 아닐 줄로 생각합니다."

하고 말했다. 평원군은 마지못해 모수를 참여시켜 일행은 초나라로 출발하였다. 초나라에 도착하여 평원군이 초왕에게 진나라를 적으로 삼고 조나라와 동맹을 맺도록 설득하였으나 해가 들 무렵부터 담판을 해서 한낮이 되어도 이야기는 수습이 되지 않았다. 그래서 모수는 칼에 손을 대고 상좌로 올라갔다.

그러자 초왕이 꾸짖었다.

"이 무례한 놈, 나는 여기서 너희의 주군과 이야기를 나누고 있어. 썩 물러가지 못해."

모수는 여전히 칼에 손을 대고 앞으로 나아갔다.

"임금께서 나를 꾸짖는 것을 초의 군사가 많기 때문이겠죠. 그러나 지금 왕과 나와의 거리는 불과 십 보, 여기에는 아무도 없소. 왕의 그 목숨은 바로 나의 이 손아귀 속에 있소. 나의 주군 앞에서 나를 꾸짖다니 그것은 또 무슨 일이오. 도대체 힘이 있는 자가 천하의 안정을 위해 힘쓰는 것이 도리가 아니겠소. 초나라의 힘으로 한다면 천하에 적대할 수 있는 자는 없을 것입니다. 그럼에도 진나라의 백기는 부질없는 소인의 주제에 초나라와 싸움을 벌여, 서전에서는 서울 영을 점령하고, 2차전에서는 임금의 조상묘를 불지르고, 3차전에서는 임금의 부군을 격파하여 욕을 보였습니다. 이것은 초나라로서는 영원히 씻을 수 없는 통한사일 것이오. 우리 조나라도 유감으로 생각하는 바입니다. 그럼에도 지금 임금께서는 수치를 모르고 있소. 합종동맹책은 초나라를 위함이지 조나라를 위함이 아니오. 그것을 어찌하여 우물우물 망설이고 있소."

하고 역설하였다. 초왕도 마침내 모수의 기세에 눌려서, 피를 삼키고 합종동맹에 서약했다.

평원군은 조나라로 돌아와서 말하였다.

"이제 나는 인물을 판정하려고는 않겠다. 내가 판정한 인물은 많이 헤아리면 천 명, 적게 보아도 수백 명은 된다. 천하의 인사를 잘못 보는 일은 없다고 자부하고 있었다. 그럼에도 모선생을 몰라보았다. 모선생은 혀 하나로 백만의 대군보다 뛰어난 위업을 성취했다. 나는 이제 인물을 판정하는 것은 하지 않겠다."

목적을 달성하려면, 눌러야 할 급소를 눌러야 한다. 주장을 누르면 부하는 절로 굴복한다.

적대집단을 누르기 위해서는 그 두목을, 군중을 누르려면 그 전위를, 회사를 누르려면 그 수뇌부를 하는 식으로 처리해야 한다. 그리고 사물을 파악하려면 그 요점을, 장소를 제압하려면 그 요소를, 인간을 제압하려면 그 급소를……하는 식이 된다.

그러한 요령을 체득한 당나라의 시인 두보는 다음과 같은 시를 남겼다.

활을 당기려거든 강한 활을
화살을 쓰려거든 긴 것을
사람을 쏘려거든 말을 쏘라
적을 치려거든 왕을 쳐라
사람을 친다 해도 한도가 있다
나라를 세우면 국경이 있다
경계를 능히 지키는 자라면
함부로 죽이는 일은 없을 것이다

五 무비의 허점을 덮쳐라

權謀術數

한나라의 초대 임금 유방이 여식기를 파견하여 제왕을 설득하였다. 여식기는 제왕에게 말하였다.

"왕께서는 천하가 어느 쪽으로 기울어지는지 아십니까. 한왕은 천하의 군사를 수습하여, 제후의 후예를 세워서 성을 떨어뜨리면 공이 있은 후에게 주고, 재보를 얻으면 사졸에게 나누고, 천하의 호걸·영웅·현인·재사는 기꺼이 그의 구사에 만족하고, 제후의 병사는 사방에 모여들 것입니다.

그런데도 항왕은 남의 공로를 인정치 않고, 남의 죄는 잊어버리지 않고, 그 때문에 장병은 싸움에서 이겨도 은상을 얻을 수가 없고, 성을 빼앗아도 봉지를 얻을 수 없고, 항씨일족이 아니면 중요한 정무에 참여할 허락도 받지 못하고, 그래서 천하의 사람은 그를 배반하고 현인·재사도 이 일을 노하고 있습니다.

이를 두고 봐도 천하가 한왕에 귀의할 것은 명백합니다. 임금께서 조속히 한왕에게 가담하면 제나라는 존속할 수가 있을 것입니다. 한왕을 따르지 않으면 멸망의 위기는 오늘로 닥칠 것입니다."

제왕 전광은 머리를 끄덕이고, 방비의 노력을 게을리하며, 매일 주연에 도취되어 있었다.

한신은 여식기가 구설 하나로 제나라의 70여 성을 굴복케 한 것을 듣자 그 허를 틈타서 제나라를 덮쳤다. 제왕은 여식기를 가마솥에 삶아 죽이고, 동쪽 고밀로 도망을 갔다.

《육도》에서 태공망 여상은,

"군사에 이기는 술은 몰래 적인의 기미를 살피고, 날쌔게 그 이점을 노리고 조속히 그 불의를 치는 것이다."

또 손자는 그의 《병법》 '시계책'에서 언급하고 있다.

"그 수비 없음을 공격하고, 그 불의에 침범하라."

적이 안심을 하고 대비를 게을리하고 있음을 볼 때는 즉각 그곳을 치고, 적이 혹시 하고 생각하고 있는 때와 곳을 노리고, 그 허를 찌르는 것이 상책이다. 말하자면 소홀한 태세를 공격하고 적을 불의에 급습하는 것이다. 그렇게 하려면 적의 동정·상황을 잘 관찰하여 무방비 상태를 기습하면 된다.

불의의 급습이라는 것은 적의 정면공격이나 적과의 정면충돌을 회피하고 피동적인 상태에서 탈출하여 주동적 공세로 전환하는 기습작전이다. 환원하면 동(動)을 가지고 정(靜)을 제압하는 기법이다.

불의의 습격이 항상 강한 것은 자기편이 항상 계획적이고 또는 명확한 공격목표를 가지는 것에 대해서, 적이 무방비·무목표이기 때문이다. 이쪽 편의 선제공격에 대해서, 상대는 피동적 입장에 전환하고 응전할 틈이 없기 때문이다. 즉 기습은 적을 당황케 만들고 혼란을 조작케 하는 것이 목적이다.

오늘날의 게릴라 전법이 바로 이러한 기습작전과 맞먹는 것이다.

六 유령작전으로 현혹시켜라

權謀術數

기원전 206년은 한나라가 통일된 해다. 그 정월에 항우는 자립하여 서초의 패왕이 되고 폐공 유방을 파촉, 즉 한나라의 중앙에 세워서 왕으로 삼았다.

한왕 유방이 봉국으로 향하는 도중에 장량이 임금에게 진언했다.

"왕께서는 어찌하여 통과한 잔도를 불지르고, 제후의 잔병이 지나온 곳을 황폐케 함에 대비하는 한편 동쪽으로 갈 마음이 없다는 것을 천하에 보이어 항우를 안심시키지 않습니까. 항우는 장수 중에 공로가 있는 사람을 요지의 왕으로 봉했으나 오직 임금만이 편벽한 촉나라로 쫓겨났습니다. 이것은 유죄에 해당합니다. 군관과 사졸은 모두 산동 사람이므로 멀리 고향을 생각하고 주야로 돌아가기를 원하고 있습니다."

유방은 이 말을 듣고 지나온 잔도를 불태웠다. 그리고 장량은 항우에게, "한왕은 잔도를 불태우고 동쪽으로 갈 의사가 있습니다"라고 거짓을 꾸며 고했다. 그래서 항우는 서쪽의 한왕을 염려하지 않고 북쪽으로 출병하여 제나라를 쳤다.

그해 8월, 한왕은 한신의 책모를 이용하여 장감 등 삼진의 소국들을 기만하고, 표면상으로는 불태워버린 잔도를 다시 수리시켰다. 그리고 몰래 한중에서 관중으로 빠지는 옛날 길로 동쪽으로 돌아와서 진창이라는 곳에서 삼진의 군사를 기습하여 마침내 섬서성 삼진 지방을 평정하였다.

이 글은 소위 '진창암도'라는 고사로 알려진 얘기이다.

말하자면 자기의 정위를 알리지 않고 동쪽인지, 서쪽인지를 기만해 놓고 동시에 자기의 형태도 위장하여 적의 판단을 혼동케 하는 술이다.

우리나라 속담에 "홍길동이 동에 번쩍, 서에 번쩍 한다"는 말이 있는 것은 바로 자기의 정체와 위치를 적에게 알리지 않는 일종 신출귀몰하는 방법이다.

그것은 적이 어디를 지켜야 옳을지 모르는 곳을 공격하는 수법이며, 적의 약점이 없으면 한 곳을 공격하는 체해 놓고 적의 방위력을 그곳에 집중시켜, 손이 빈 허점을 공격한다.

한편 적에게 허점을 찔리지 않게 하기 위하여 손자는 다음과 같은 술책을 말하고 있다.

—군사를 형성하는 극은 무형에 이른다. 무형일라치면 곧 그 길이의 여하를 짚을 수가 없다. 지자도 잴 수가 없다.

즉 최상의 방위체제는 고정된 체형을 가지지 않는 것이다. 고정된 것이 없으면 적의 첩자가 아무리 내부 깊숙이 잠입하여도 그 방위체제를 찾아낼 수가 없다. 하물며 음모를 꾸며서 내부적으로 파괴하는 일에도 방지가 되는 이중의 조치이다.

七 기계와 정석

權謀術數

연나라의 소왕이 5개국의 대군을 이끌고 제나라로 쳐들어오자, 제나라의 여러 성들은 계속 함락하고 제의 임금도 혼전 중에 살해되고 말았다.

마침내 제나라의 성은 오직 여와 즉묵 두 성만을 남겨놓고 모두 함락했다. 이때 전단은 제나라의 임유라는 고을의 지방관리였으나 즉묵의 사람들로부터 추대되어, 군사지휘관의 장군으로서 패잔병을 모아서 연군을 향하여 최후의 반격을 가하게 되었다. 약자가 강자를 제어하기 위해서는 기계를 쓰는 것이 상책임을 깨달은 그는 한 가지 안을 짜냈다.

즉묵성에 농성한 전단 쪽에서 여러 번 허허실실의 비책을 다하여 연군에게 반격함으로써 결국 연군에서는 장군 낙의를 소환하고 대신에 기겁장군으로 교체하는 사태까지 가게 되었다. 또 계속 첩자를 시켜 연군이 잔학행위를 하도록 만들어 그에 대한 제나라 군사와 백성의 사기와 적개심을 자극하였다.

모든 사람들의 분노가 충분히 고조되었을 때 성을 명도한다고 적을 기만하고, 그 틈에 각처에서 모은 천 마리의 소에 모두 붉은 옷을 입히고 오채의 운문을 써서, 뿔에는 칼을 묶어두고, 기름을 칠한 갈대를 꼬리에 매어서 그 끝에 불을 붙여서 야음을 타고 연군을 향해 내몰았다.

한편 성안에서는 결사대의 용사들이 뛰쳐나와서 마구 돌진하는 바람에 강한 연군도 어쩔 줄을 모르고 당황하여 대패하고 말았다. 그 여세를 몰아서 함락했던 제나라의 70여 성도 다 되찾게 되었다.

이른바 '화우지계'이다. 모든 전쟁은 대개의 경우, 정규의 군사를 동원하여 정면으로 대전하고, 교전을 하다가 요소를 찾아 기계를 써서 적의 요새를 돌파하고, 그 혼란에 편승하여 대국적인 승리를 거두는 것이 상도이다.

손자는 말한다.

"싸움이라고 하는 것은 정으로써 마주 대하고, 기계로써 승리를 거둔다. 고로 능히 기계를 쓰는 자는 무궁한 천지와 같고, 끝이 흐르기를 강하와 같다."

손자의 주장을 따르면 기책이라는 것은 끝이 없는 천지나, 무진한 강하수와 같이 그때 그때의 상황 여하에 따라서 실로 변화가 자유

자재롭다는 것이다.

음모는 사실상 계획 과학에 속하는 것이므로 항상 모든 것을 앞질러, 앞의 앞을 내다보고 우연성의 존재를 허용하지 않는다. 말하자면 항상 필연성을 가지고 우연성을 극복하고 적의 불의를 찌르는 것이 아니면 안된다.

서로가 음모를 꾸며서 싸운다는 것은 바둑이나 장기와 같이 정석이 없다. 그때, 그곳에서 쓴 솜씨에서 생겨난 무수한 정석이 바로 정석이며, 금후도 더욱 무수한 정석이 생겨날 것이다.

정석도 실은 저마다의 일정한 형을 지니면서 동시에 다음의 수로 무한의 변화를 지니고 있다. 초심자에게는 그 심한 상황변화 때문에 두 번 다시 나타나지 않는 국면을 전개하기 위해서는 과학적 파악보다는 오히려 역사적 교훈을 배우는 것이 지름길일 것이다.

그 반면에 합리주의 원리가 침투하고 있는 근대사회의 인간행동은 합리적 상식적이다. 합리적일수록 인간의 행동은 법칙에 의지하기 쉽고, 연구하기 쉽고 또 예측하기도 쉽다. 따라서 음모의 적중률도 많은 것이다.

제10장

역모를 쓰는 술책

모든 대결의 과정에서, 일방적으로 권모를 짜는 경우보다도 피아 쌍방이 술수를 꾸며서 대결을 진행하는 경우가 더 많다. 그런 의미에서 인간의 승부는 정정당당한 대결을 하기보다는 오히려 서로가 상대의 이면을 여하히 들추어 뒤통수를 치는가 하는 것이 과제가 된다.

거의 세상에서 큰 위업을 성취한 사람은 인의를 운운하기보다 간계를 써서 적이 예상하는 뒤를 캐고, 그리고 인의를 지키는 사람의 뒤를 캐서 이긴 예가 더 많다. 음모가에게는 성인군자는 좋은 '봉'이다.

여하히 적의 판단을 그르치게 하는 수를 적극적으로 내밀어, 자기의 의도를 되도록 비밀로 하기 위한 노력을 하느냐가 음모를 꾸미는 일반적 경로이다.

적의 역수를 쓰는 것은 적의 수단에 얹히면서 그 뒤를 캐는 것을 말한다.

손자는 이렇게 말하고 있다.

"능히 할 수 있으면서도 이를 능히 못하는 것처럼 보이고, 사용에 가능하면서도 그 용도가 아닌 것처럼 보이고, 가까우면서도 이를 먼 것처럼 보이고, 멀면서도 이와 가까운 듯이 보인다."

이러한 것은 바로 적의 역모를 기도하는 표현이다.

언동의 불일치, 표정과 내심의 불일치의 원칙에 입각해서 적의 판단을 흐리게 하고, 시종 적의 이면을 캐는 술책을 고수하여 끝까지 적의 역수를 취하는 것이 이 수법의 요체라고 하겠다.

이렇게 하여, 적에게 호의를 보이고, 안심을 시키고, 그 이면을 캐고, 어떻게 하여 적에게 판단을 그르치고 함정에 빠뜨리는가. 그렇기 위해서는 이 이야기와 같은 안티테제로서의 반대사고가 필요하다.

'사람 가는 뒤편에 길이 있구나, 꽃피는 동산'이라는 말은 다름 아닌 인간사의 역모의 파급효과를 찬미하는 노래이다.

피장파장술

權謀術數

공웅에서의 회담에서 진과 조가 서로 다음과 같이 약속하였다.

"이후 진나라가 하고자 하는 일에는 조나라도 돕겠소. 또 조나라가 하고자 하는 일에는 진나라도 돕겠소."

그리고 얼마 후에 진나라가 군사를 몰아 위나라를 공격하니 조나라는 위를 구원하려고 하였다. 진왕은 노하여 사람을 시켜 조나라를 책망하였다.

"약속하기를 진이 하고자 하는 일에는 조도 돕기로 하고, 조의 하고자 하는 일에는 진이 돕기로 하겠다고 했지 않는가. 이제 진이 위를 공격하려는데 조가 상대를 구원한다는 것은 약속에 어긋나지 않는가?"

그래서 조의 혜왕이 공자인 평원군 승에게 상의를 하자, 평원군은 다시 책사인 공손용에게 상의를 하였다. 그러자 공손용은 이렇게 답변했다.

"이쪽에서도 사람을 보내서 진왕을 책망하여 이렇게 말하십시오.—'조가 위를 구하고자 하고 있는데, 진왕은 위를 구하고자 하지 않고 오히려 이를 공격하니 약속과는 틀리지 않습니까?—라고.'"

대개의 동맹이나 협정이라는 것은 양면적으로 생각되는 경우가 많다. 상대의 비난공격의 역모를 꾸며서 '그쪽이야말로 조약위반이 아니오'라고 되받는다. 혹은 더 선수를 써서 '이쪽이 누구를 도우려고 하고 있는데, 어찌하여 공격을 중지하지 않는가'라고 기선을 제하여 비난공격을 하는 것도 술책의 한 가지 요령이다.

조약·협정·약속이라는 것은 대개의 경우 그때, 그 장소의 이해관계에 의하여 맺어지는 것이 많다. 이해상황이 변하면 조약이고 협정이고 당장에 공문화되고, 공수표가 되는 것이 상례이다. 이해관계의 세계에서는 항상 상대가 변한다. 변화도 심하기 때문에 조약위반을 염두에 두지 않고 상황이 변하면 주저하지 말고 맹우에게 역모를 쓰라.

二

안심시켜 놓고 역습하는 술법

權謀術數

옛날 정나라의 무공이 이웃 나라인 호를 정복하려고 계책을 꾸몄다. 그래서 우선 자기의 황녀를 호군에게 시집을 보내고 우호관계를 맺어 안심을 시켜놓았다. 그후 무공은 군신에 대해서,

"본인은 전쟁을 일으키고 싶으나 어느 나라를 치면 좋겠소?"

하고 물었다. 대부인 관기사가

"호국을 치는 것이 좋을까 하옵니다."

하고 진언하였다. 그러자 무공은 화가 머리끝까지 치밀어,

"호국과 우리 나라와는, 피를 나눈 형제의 나라이다. 그대는 이 형제의 나라를 치려고 하는가. 언어도단이 아닌가 이놈!"

하고 말하며 사죄를 시켜버렸다. 호군은 이 이야기를 듣고 정나라

는 자기 나라를 진심으로 우방으로서 친구라고 생각하고 있다고 믿고 영 안심을 하고 정나라에 대한 방비를 전혀 폐지하여 버렸다.

이야말로 무공이 노리던 바 덫이었다. 이윽고 정의 대군이 호나라를 습격하여 이를 정복해버렸음은 말할 나위도 없다.

정의 무공은 호를 치기 위하여 우선 황녀를 시집 보내고, 우호관계를 맺어 놓고 적을 방심시켜 놓았다.

더욱 나아가서 그 방비를 완전히 철폐시키기 위하여 고의로 '치려면, 호국을 쳐야 한다'고 주장한 대신인 관기사를 사죄에 처하고, 더욱 호를 안심시켜 골수를 뽑아 버렸다. 그뒤에 정나라는 마침내 대군을 이끌고 호를 습격하고 일거에 정복해 버렸다.

관기사는 무공이 황녀를 호나라 임금에게 시집 보내는 음모를 익히 통찰하였기 때문에 비운의 사죄를 당하고, 무공이 꾸민 이단계 조치의 제물이 되고 말았다.

때로 사태를 통찰한다는 것 자체는 크게 어려운 일은 아니지만 그 때와 경우에 따라서는 오히려 스스로 그 일신을 망치게 될 수도 있다. 인간은 통찰력이나 선견지명을 가지는 것은 반드시 자신에게 유리하다고 볼 수도 없다.

《여씨춘추》에 이러한 이야기가 있다.

송나라의 강왕이 재상인 당양에게,

"나는 수많은 사람을 죽였으나 신하들은 조금도 두려워하지 않는다. 그 이유는 무엇일까?"

하자 당양은 대답했다.

"임금께서 죄를 준 사람은 모두 옳지 못한 사람이었습니다. 옳지 않는 자를 죄 주는데 어찌 선한 사람이 두려워하겠습니까. 선과 불선의 차별을 두지 않고 닥치는 대로 죄를 주면 상책일 것입니다. 그렇다면 신하들은 두려워할 것입니다.

그후 얼마 되지 않아서 송왕은 당양을 죽여버렸다.

당양은 선의의 인간이었기 때문에 송왕의 '시위'를 위한 재물이 되었다. 그럴듯한 아이디어를 진언했기 때문에 스스로 무덤을 판 것이다. 사람이 선하고 더구나 아이디어가 풍부하고 훌륭한 사람이라고 해서 반드시 자기 일신을 위하여 도움이 된다고 할 수 없다.

세상에는 한 사람의 뛰어난 판단보다는, 어떤 권력집단이나 수많은 사람들의 자기 이익과 생존이 더 중할 경우에는 현명하고 영리한 사람은 현명하고 영리하기 때문에 피해를 입는다. 못은 튀어나오면 두들겨 맞기 마련이다. 거목이 바람을 맞는다는 속담은 이런 경우를 두고 한 말이다.

三

조장시켜서 자멸케 한다

權謀術數

지백이 위나라의 선자에게 땅이 필요하다고 원했다. 선자는 주지 않았다.

위의 재상 임증이 물었다.

"어찌 주지 않았느냐?"

선자는,

"지백은 이유도 없이 토지를 요구하였다. 나는 그래서 주지 않았다."

라고 말했다.

그리고 임증은,

"그는 이유 없이 토지를 구하는 사나이이다. 그러니까 이유 없이 토지를 주어버리면, 이것은 욕망이 계속해서 걸쳐 머물 바를 모르는 셈이 된다. 그는 더 한층 좋아해서 또 토지를 제후에게 요구할 것이다. 그리고 제후가 토지를 주지 않으면 반드시 그 제후를 칠 것이다."

하고 말했다.

선자는 "좋소, 그것은 좋은 계책이오"라고 말하고 드디어 만 호의 땅을 지백에게 주었다. 지백은 마음이 흐뭇하여 다시 토지를 조에게 구했다. 그러나 조는 주지 않았다. 그래서 지백은 화가 나서 군사를 동원하여 진양을 포위하였다. 한과 위는 그래서 조와 합동하여 지백을 공격하였기 때문에 지백은 끝내 망하고 말았다.

적의 욕망을 조장시켜서 끝내 파멸로 이끈다. 그것도 자기의 힘으로가 아니고 남의 힘을 이용한 사례다.

"위축시키려 하거든 먼저 신장시켜주는 술을 쓰라. 약하게 만들려거든 먼저 강하게 만들어 주라. 멸망시키려거든 먼저 성장시켜 주는 것이 좋다. 뺏으려거든 먼저 주는 것이 좋다. 이야말로 자연의 미묘한 섭리이다. 그것은 약자가 강자에게 이기는 이유이다."

노자의 말이다.

"군사가 강하면 곧 멸하고, 나무가 강하면 곧 부러지고, 가죽이 굳으면 곧 찢어진다. 치설이 드세면 더 먼저 부러진다."

회남자의 말이다.

이야말로 '유는 강에 이기고 약은 강에게 이긴다'는 노장사상의 근원이다. 노장의 사상에서 귀곡자, 손자에 일맥상통한 중국병법의 중심적 사상이 흐르고 있다.

자기가 불리한 처지에 놓여 있을 때는 적에 예리한 기색을 피하여 즉시 정면 충돌에서 회피하는 것이 좋다. 적을 점차 강하게 만들어 놓고 자멸시키는 것이 득책이다.

四

호의를 보이고 역습한다

權謀術數

지백이 위나라를 치려고 하여 야마 4백 두와 백옥 한 개를 위왕에게 선사했다.

위왕은 크게 기뻐하여 군신들을 모아놓고 축하를 했으나 대신인 남문자만은 근심스러운 표정이었다. 그래서 위왕이 의아하여,

"대국이 크게 호의를 보여 주었는데 근심스러운 것은 무슨 까닭이오?"

하고 물었다. 남문자는 말하였다.

"공이 없는데도 보내오는 상이나, 노고를 하지 않고 보내주는 예물은 깊이 생각하지 않으면 안됩니다. 4백 마리의 말과 한 개의 구슬이라는 것은 소국이 취해야 할 예입니다. 그럼에도 대국이 그렇게 하

고 있습니다. 군주께서는 이점을 잘 새겨 주십시오."

위왕은 그 말의 뜻을 깨닫고 한층 국경수비군의 경계체제를 강화하도록 전했다. 지백은 과연 군사를 이끌고 위나라를 습격했으나 국경까지 몰아왔다가 철수하며, 말했다.

"위나라에 현인이 있어서 이쪽의 계략을 미리 알아버렸다."

대단한 업적이 없음에도 갑자기 상부로부터 선물을 받거나, 별 노력도 없었는데 갑자기 사장이나 부장으로부터 상을 받으면 필경 상관이 부하에 요구하는 일이나, 계략이 있기 때문이다. 흔히 부하가 윗사람에게 예를 갖추거나 아첨을 하는 것은 세상의 통칙이라고 하겠지만, 그 관례가 거꾸로 된 경우에는 요주의를 할 필요가 있다.

사람의 호의는 기뻐하거나, 만족하지 말고 되도록 조심하는 것이 일신상을 위하는 길이다.

五

숨어 있는 적을 유도한다

權謀術數

흔히 전투에서는 적군이 매복하고 있는 여부를 알아내기 위해 짐승을 그 방향으로 몰아서 그 짐승 때문에 적이 저절로 나타나는 수가 있다.

중공의 '백화 재방', '백가 쟁명'이 그러한 음모이다.

대명대방, 즉 마음 놓고 크게 자기 주장을 펴는 운동이 전개되었다가 얼마후에 이것이 곧 수정주의자 및 우파에 대한 반대투쟁으로 급전환을 했다.

눈에 보이는 적과의 대결은 뚜렷한 공격목표에 조준을 하고 여러 가지로 손을 쓸 수 있으나, 숨어 있는 적을 발견하기는 쉬운 일이 아니다. 그래서 숨어 있는 적을 유도해 내기 위해서 '백가 쟁명과 백화

제방'운동을 벌였다.

보통 자유민주주의 사회에서는 정당의 구성도 이념의 표현도 자유롭게 표현하고 또 행사할 수 있다. 그러나 극단적 대립이 생기는 상태에서는 어느 한쪽을 택하게 하는 강요된 수단이 작용된다.

때로는 정치투쟁이 노골적으로 일방적 주장을 절대시하는 사회에서 어떤 권력집단이 적대편이나, 다른 세력의 존재를 판단할 수 없고 숨어 있는 지식인이나 세력을 밝혀내기 위하여 말하자면 '유도심문' 아닌 음모를 꾸미게 된다. 그것이 곧 '일시적 위계의 표현 자유, 행동의 자유'를 선동해 놓고 이면에서는 그 동태를 캐내어 적과 반대파를 하나하나 개별 격파하거나, 집단적 소멸작전을 쓰는 경우도 있다.

이러한 음모전술은 물론 세계 모든 국가 중에도 급변한 정치정세를 가져오는 극단적 주의와 주장만이 허용되는 나라에서는 흔히 쓰이는 병법이다.

뿐더러 회사 내에 숨어 있는 반대파나 비판세력을 유인해 내기 위해서는 지도부의 편에서 '민주적'인 자세를 가장하고 비판적인 세력을 옹호하는 발언을 두둔하면서, 비판정신을 강조한다. 그것은 한갓 운동의 형태로든 아니면 회의의 형태로든 숨어 있는 적을 유도하기 위해서는 정반대의 연출이 필요하다. 그리고 시기가 성숙했다고 생각하자마자 기회를 놓치지 않고 구실을 주면서, 주저없이 마각을 드러낸 적을 실각시키고 숙청을 시작하게 되는 것이다.

六

곡선으로 목적을 노린다

權謀術數

어떤 사람이 마차를 다루는 솜씨가 뛰어났다고 하여 초왕을 뵈올 생각을 가졌으나 다른 마부들이 그것을 시기하고 있음을 알자,

"나는 노루를 잡는 솜씨가 장기입니다."

하고 말하여, 임금을 뵈옵게 되었다.

그런데 임금이 수레를 몰아서 노루를 쫓았으나 쫓지를 못하자, 그 사나이가 대신 수레를 몰았다. 임금이 그 말 모는 솜씨를 칭찬하였을 때 그는 비로소 다른 마부들로부터 시기를 사고 있음을 호소했다.

이 사나이가 직선적으로 말하면 아무리 재능이 있어도 왕의 측근에 있는 동업자로부터 배척되었음에 틀림없다. 곡선적인 연출에 의하여 겨우 재능이 인정된 예이다.

적선적 사고법과 곡선적 사고법

한국 사람처럼 이웃 나라를 모르는 사람도 드물다. 특히 중국인에 대한 인식이 그러하다. 2천 년 이상에 걸친 한·중 사이의 교류를 지내고, 그들의 위세에 항상 존속되어 온 한국인의 중국에 대한 인식이나 예측은 너무나도 일방적이다. 심지어 모든 학자는 거의 중국통, 즉 한학자이면서 그들의 문자나 문장만 배웠지 그 근본 사고방식이나 정신은 이해 못하고 있다.

그 이유는 간단하다. 한국인의 사고방식은 감정적이요 선입견적이요 따라서 직선적이다. 그에 비해 중국인의 사고방식은 곡선적이기 때문이다. 한국인이 본 중국에 대한 판단은 모두가 결과이지 그 과정이나 예측은 아니다. 즉 항상 결과를 근거 삼아 과정을 추측할 뿐이다.

중국의 역사는 동란의 역사였다. 특히 춘추전국시대는 그 전형에 속한다. 그러한 사회를 살아온 사람들의 사고는 항상 전쟁이나 변란에 대비하는 대응사고가 있다. 그래서 행동과학으로 본 중국사회의 사회적 유형은 유럽의 '제도형', 미국의 '기구형'에 대해서 '상황형'에 속한다. 상황에 따라서 법도 윤리도 변모한다.

'중국인은 원칙을 존중하는 민족이다'라고 흔히 다른 나라 사람은 말한다. 그것은 하나의 통설이 되어 있지만 실상 이처럼 무모한 얘기는 없다. 오히려 중국인처럼 원칙이 없는 민족은 없다. '평화5원칙', '주4원칙', '대일3원칙', 또는 '핑퐁외교식' 등은 마치 중국인이야단스럽게 원칙을 내세우고 있다고 세계의 사람은 생각하고 있다.

중국인은 원칙을 필요로 하지 않기 때문에 그 반대표현으로 원칙을 내세운다고 생각해야 한다. 손자의 '시계책'에 보이는 "필요하여도 그것을 불요한 뜻이 보이고, 가까워도 이를 멀리 있는 것처럼 보이고, 멀리 있어도 이를 가깝게 보이게 하다"를 상기하여 주기를 바란다.

직선적. 감정적 사고를 취하는 인종은 상대가 '원칙''원칙' 하니까 왜 그렇게 말하고 있는가를 돌보지 않고, '그들은 원칙을 존중하는 민족'이라고 믿어버리기가 쉽다. 그러나 전략적 차원에서 말하자면 원칙 그 자체는 표면상 내미는 티켓에 불과하다.

중국인은 적과 교섭 또는 대결하는 과정에서 흥정의 수단으로서 '원칙'이라고 하는 '말'을 교묘하게 치켜세운다. 이것이 중국에서 말하는 '시형의 술책'이다.

'원칙'을 강조하면 할수록 또 자세가 높으면 높을수록, 적과의 대결 장에서 '자세'상에는 상대적 우위를 유지할 수가 있다. 그러니까 무원칙이면서도 구태여 '원칙'을 강조하고 있다.

七

숫자의 마술을 활용한다

權謀術數

제나라 선왕 2년, 기원전 341년의 일이다. 병법가 손빈은 위의 장군 농견과 싸웠다.

위의 혜왕은 조나라와 결탁하고 농견과 태자 신에게 군사를 이끌게 하여 한나라를 공격했다. 그래서 한나라는 제나라에 구원을 청하였다. 위군이 이미 한나라로 향했다는 것을 듣고 제나라의 조정회의에서는 한나라를 도울 것인가 아닌가 하는 것 때문에 찬부 양론에 엇갈려 있었다. 손빈은 다음과 같이 진언했다.

"한나라를 구하지 않는 것은 위나라를 살찌게 하는 것이 됩니다. 그러나 한나라를 처음부터 구하는 것은 위나라 군사를 우리 나라가 모두 떠맡는 격이 됩니다. 그러면 한나라는 편안하겠지만 제나라의 이익은 되지 않습니다. 우선 위와 한을 계속 싸우게 해놓고 다 같이 피로해졌을 때 원군을 보내면 큰 고통을 겪지 않고 많은 공을 세우는 결과가 될 것입니다."

한나라는 제나라의 구원을 기대하고 극력 싸웠으나 점차 패퇴하기 시작하여 마침내 새 서울이 포위당하는 형세에 놓이게 되었다. 이때 제나라는 전기를 장군으로 하고 손빈을 군사로 삼아 한나라 수도의 구원을 위해 가지 않고, 오로지 위의 서울 대량을 향하여 진격했다. 이미 한나라 수도를 포위하고 있던 농견은 부득이 급히 군사를 되돌렸다. 제의 군사는 벌써 위의 영토 안으로 깊이 침공하고 있었기 때문에 위군은 자기 나라 안에서 제군을 추격하는 형세가 되었다. 손빈은 이때 전기에게 다음과 같이 진언했다.

"원래, 한·조·위의 소위 삼진의 군대는 용감하고 제군을 경멸하여 우리를 넋 빠진 패거리로 부르고 있습니다. 전쟁의 명수는 그런 형세를 역이용하는 법입니다. 병법에 '하루에 백 리를 행군하여 승리를 쫓는 자는 상장군이 쓰러집니다. 50리를 행군하여 승리를 쫓는 자는 병사의 절반밖에 당도하지 못합니다'라고 쓰여 있습니다. 제군이 위땅에 침입한 후, 오늘 야영지에 10만 개의 솥을 만들면, 다음날은 5만의 솥으로 줄이고, 그 다음날은 3만의 솥으로 줄이면 좋을 것이오."

농견은 제군을 추격하면서, 첩자의 보고에서 적의 솥의 수가 10만 개에서 5만, 3만으로 차차 줄어드는 것을 알고 매우 기뻐했다.

"나는 본시 제군은 비겁자라고 알고 있었으나 우리 나라에 들어와서 사흘 만에 사졸이 반 이상 도망을 갔지 않는가."

하고 말했다. 그래서 보병을 남겨놓고 정예의 기병만을 이끌고, 제군을 추격했다. 손자가 그들의 행군시간을 예측하니 저물녘에 마능에 도착할 예정이었다. 마능은 도로가 비좁고 양쪽은 험준하여 복병을 둘 수가 있는 곳이었다.

그래서 양쪽의 나무를 쓰러뜨리고 장애물을 만들고 남은 가장 큰 거목의 밑둥을 희게 깎아서 "농견, 이 나무 밑에서 죽을 지어다"라고 새겨놓았다. 이렇게 해놓고 제군의 사수를 골라 뽑아서 1만 개의 돌화살군을 길 양쪽에 대기시켜서 "해가 진 뒤 불이 켜지거든 일제히 발사하라"는 공작을 꾸며 놓았다.

농견은 예정한 대로 밤에 깎여 있는 나무 등걸로 다가가서 희게 둥치에 쓰여진 문자를 보자 불씨를 태워서 그 불빛으로 글을 읽으려 했다. 채 읽기도 전에 일제히 일만 장의 돌화살이 발사되어 위군은 대혼란을 이루었다.

농견은 자기의 지혜의 한계와 군의 패배를 깨닫고 "드디어 수자(못난 인간, 애송이)에게 이름을 떨치게 해라"는 말을 남기고 자살했다.

제군은 이 기회를 틈타서 위의 전군을 대파하고 태자 신을 잡아 귀국했다. 손빈은 이로 하여금 천하에 이름을 떨쳤다.

이 글은 유명한 "병졸을 늘이고 밥솥을 줄인다"는 고사이다. 이것은 역사에도 남는 손빈과 농견의 두 병법가의 명승부이다. 이 승리에 의하여 손빈의 이름은 중국 역사상 빛나게 되었다. 즉 군졸의 수를 판단하는 기준의 한가지인 밥솥의 수를 줄이고 적의 역모를 꾸며서 판단을 혼란케 하는 음모가, 그후 면면하게 이용되어 적을 기만하는 전형적인 책모가 되고 말았다.

숫자의 마술로 적의 눈을 속이려면 많은 것을 적게 보이고, 적은 것을 많이 보이게 하는 사기술이 흔히 사용되고 있다.

요즘 책이나 신문이나 잡지의 부수는 적은 것을 많게 선전하여 독자의 입맛을 돋우고, 대부분의 장사꾼은 많은 것을 적게 보이게 하는 것이 세금공세에 대한 보호술책이다.

여러 국가에서 고도성장이니, 국민의 생활소득 등을 숫자로 자주 제시하여, 발전이나 성과를 떠들어대고 선전하는 것도 이 숫자의 마술로 국민의 심리를 유도하는 술책에 속한다.

특히 계량화된 공업사회에서는 숫자의 마술이 기업이나 각종의 단체에서 정부기관에 이르기까지 광범위하게 애용되고 있다. 회계사로부터 통계학자까지 동원하여, 결산의 현혹술로 화려한 경제성장 내지는 회사발전의 숫자는 춤을 춘다. 여간 세심한 분석을 하지 않으면 이러한 '계량화'된 술수에 속기 일쑤다.

八

고육지책

權謀術數

기원전 208년 겨울, 10월에 조조는 연전연승의 여세를 몰아서 북방군 80여만, 전함 3천 척을 이끌고 양자강을 하강하였다.

손권과 유비의 연합군은 양자강 남안의 적벽에서 조조의 대군과 싸워서 불과 10분의 1도 채 안되는 연합군이 화공의 술책으로 조조의 대군을 섬멸했다. 이것이 중국 역사상 유명한 '적벽대전'이다.

조조와 제갈공명 그리고 주유의 세 군략가들이 그들의 정혼을 다하여 싸운 이 '적벽대전'은 중국 전쟁사에서도 음모전의 압권이다.

우선 조조는 남방군의 주전파와 항복파와의 논의가 전개되는 사이에 동맹군 총수인 주유의 동향인 장간을 파견하여, 항복하라는 설득을 한다. 그래서 주유는 고의로 장간에게 내통의 가짜 편지를 도둑 맞는다. 이 가짜 편지로 조조는 크게 노하여 채모와 장충이라는 두 수군의 주장을 참형에 처한다.

다음에 남방군에 내통한 혐의로 참살된 채모의 동생 채중과 채화, 두 사람이 4백여의 군졸을 이끌고 남방군에게 투항을 한다. 그러나 가족을 두고 온 투항이기 때문에 조조가 고명과 주유 암살의 음모를 꾸미고 있는 것을 탐지하고 있는 주유는 투항을 표면상으로는 크게 기뻐하면서 적의 계략을 역용하려고 음모를 획책한다.

다음날, 주유는 장군을 모아놓고 진중회의를 열었다. 먼저 주유가,

"조조는 백만 가까운 군사를 이끌고 3백 리에 걸쳐 포진을 치고 있다. 갑자기 이것을 피할 수는 없다. 그러니까 제장은 3개월분의 식량을 준비하고, 사태에 대처하라."

고 하였다.

노장 황개는 나아가서,

"3개월이라니 무슨 말씀입니까. 조조를 격파하는데 그러한 소극전법으로 해서는 안됩니다. 제반 속전속결로 하는 것이 좋겠소. 만약 각하가 어떻게든지 3개월이라고 고집한다면 조조에게 투항하겠소."

하고 반대를 표명했다.

" 그 무슨 말버릇이오. 임금을 모시고 있는 나에 대해서 무례한 짓이오."

라고 주유는 노하여 황개를 베어버리려 했으나 여러 장군의 만류로 태형 50을 맞추어 회의장에서 내쫓기로 하였다. 황개는 살이 터지고 피투성이가 되어 진지에 돌아와서도 몇 번이나 정신을 잃었다. 이 주와 황의 시비는 곧 진중에 퍼졌다. 물론 조조의 첩자인 채씨형

제의 귀에도 들어갔다.

황개는 그날 밤 부하 장군 감택에게 명하여, 조조에게 대한 투항서를 만들게 하고, 어부로 변장시켜서 그것을 가지고 조조의 진중으로 잠입케 하였다.

그러나 처음 음모술수에 정통한 조조는 "흥, 그건 고육지책이라는 거야"라고 신용하지 않았다. 그후에 채씨 형제로부터의 보고는 주와의 시비에서 태형을 당한 상세한 보고가 들어오자, 조조도 끝내 신용하고 겨우 감택은 투항의 표시로 배에 청색기를 세우기로 하는 타협을 끝내고 돌아온다.

한편 북방에서의 조조의 수군에는 환자가 많아 그 대책으로 모사인 방통의 권유로 선단을 쇠고리로 연결하는 충고를 받아들인다.

이것은 양자강이 조수의 간만이 심한데다 파도와 바람이 끊이지 않기 때문에 배에 익숙지 못한 북방군사들은 병에 걸리는 자가 속출하였기 때문이다. 그래서 대·소의 배를 묶어서 서른 채, 쉰 채씩 1대를 만들고 그 뱃머리를 각각 쇠고리로 연결하여, 그 위에다 넓은 판자를 질러서 육상과 같이 사람과 말이 왕래할 수 있도록 해놓았다. 이리하여 바람·파도·밀물 등의 무엇이 닥쳐도 두려울 것이 없도록 해놓아서 군사들을 기쁘게 했다.

그런데 모사꾼 방통이라고 하는 인물은 장간이 두 번째 투항을 위하여 연합군을 찾았을 때, 지난 번의 내통한다는 가짜 편지를 훔친 죄로 옥중에 갇혀, 그 옥중에서 장간과 알게 되고, 함께 옥중에서 탈출하여 조조의 군사로 장간이 데리고 온 자이다. 그러나 실은 그는 주유의 연환선단의 음모를 꾸미도록 진언하기 위한 첩자였다.

20척은 조조의 선단으로 향했다. 기다리다 지친 조조는 배 위로 나와 기다리고 있었다. 그러나 황개의 배는 적당한 위치까지 접근하자 짚무더기를 실은 쾌속선들은 불을 놓고, 조의 선단에 맞부딛쳐 화제를 일으켜서 대혼란이 일어났다. 방통의 제안으로 배는 모두 쇠고리로 연결되어 있기 때문에 삽시간에 불길은 온 배에 번져서 전소되어 버렸다.

이리하여 조조의 군사는 육지로 도망하자 또 복병을 만나서 80여 만의 대군이 지지멸렬한 대패를 당하고 북쪽으로 도망쳐 버렸다.

고육지책이라는 것은 어떤 목적을 달성하기 위하여 일부러 자기의 육체를 괴롭혀 보이고 혹은 혹종의 자기 희생을 치루어 가면서 적을 기만하고, 신의를 얻어 역모를 쓰는 계책이다.

물론 고육지책을 성공시키려면 자기희생의 대소에도 영향이 있지만 그 연출의 기술도 성공률을 좌우한다는 것이 상식이다. 고육지책을 아닌 것처럼 분식하는 것이 이 음모의 요체이다.

'적벽대전'에서 지모에 능수능란한 조조가 먼저 채모와 장충을 죽이고 그 채의 동생 두 사람이 투항한 것처럼 꾸민 것도 고육지책이 아니라고 볼 수는 없다. 그러나 주유는 이것을 간파하고 오히려 역모를 써서 그들을 기만하였으니 승부는 바로 여기에 이미 판가름 난 것이다. 조조가 황개와 주유의 연출이 성공에 기만당한 것은 말하자면 그의 첩자인 채 형제에 대한 미흡한 안목 때문이다. 진작 조조 자신은 그것을 '고육지책'이라고 간파하고 있었으나 적지에 간 간첩의 보고를 더 믿게 된 것이다. 춘추시대의 오패의 한 사람, 아니 그 필두라 할 수 있는 제나라의 한공은 식도락가로 알려져, 어떤 산해의 진미도 모두 맛보았다. 그러나 인육만은 먹어 본 적이 없다. 그래서 요리사의 우두머리 역아는 왕의 기호에 영합하려고 자기의 장남을 죽여서 마치 '돼지 통구이'를 만들어 쪄서 임금에 진상했다고 사마천은 기록했다. 이것 역시 고육지책이다.

제11장

연막전술과 도회술

얄팍한 재능이나 지식을 자랑하거나 이용한다는 것은 위험한 짓이다. 그것보다 오히려 차원 높은 지혜를 터득하여 인간 만사에 더 유효한 상대의 판단을 현혹시키는 '연막전술' 또는 '도회술'을 연구함이 좋겠다.

이 연막전술과 도회술은 '보호색의 기만술'과는 다르다. 이 술책은 세상사가 잘 안되고 어려울 때, 적의 불의의 습격을 당했을 때 또는 진퇴유곡의 경우, 그밖에 평생의 자기 신조가 흔들릴 때 등등 언제나 이 술법을 쓰는 것이 편리하다.

특히 홍보다 선전이다 해서 자기 과시를 해야만 된다고 생각하는 오늘과 같은 경쟁사회에서는 이 연막전술과 도회술은 잘못 인식되어 전혀 쓸모없는 것처럼 생각하기 쉽다.

더구나 여자들은 자기의 비밀에 동물적으로 민감하지만 전혀 이러한 술법을 모르고 있다.

회사나 집단조직에서 자기가 잘 났다고 내세우는, 실력을 항상 과대평가받고 싶은 출세 가도에서 때로 이 전술을 쓰게 되면 역효과를 거둘 수도 있다는 묘미를 체득해야 한다.

형사 콜롬보의 심리작전

權謀術數

《형사 콜롬보》는 미국 텔레비전에서 인기를 집중시킨 연속 드라마다. 우리나라 텔레비전극 가운데 《수사반장》이 비슷한 내용이다.

도적잡기의 주역인 콜롬보 형사의 특이한 성격이 이 텔레비전극의 매력이다.

《형사 콜롬보》의 주인공은 힘이 세거나 멋진, 영리한 사람은 아니다. 한쪽 눈을 항상 찌푸리고, 헐은 옷차림을 하고 키는 작고 도무지 풍채라고는 없는 사나이. 민감하게 생각되는 동작도 표정도 없어 보인다.

살인용의자를 상대로 자꾸 같은 질문을 되풀이 묻거나, "나의 조카가 당신의 단골 팬이니, 사인이라도 해주시겠어요"라고 엉뚱한 질문을 한다.

상대되는 용의자는 그를 아주 바보로 취급한다.

그러나 이 모든 그의 애매하고, 불분명하고, 알쏭달쏭하고, 느릿한 표정과 행동은 다름 아닌 그의 '심리적 인간파악'을 가장한 연막전술이요 도회술이다.

이러한 인간 유형은 종래의 미국사회에서는 보지 못하던 스타일이다. 그러면서도 그는 보잘것없는 질문과 상대의 행동과 언어의 실수 같은 데서 참으로 놀라운 솜씨로 범죄의 동기나 전후관계 혹은 물적 증거를 포착하고 범인을 추적한다.

이러한 새로운 스타일이 인기를 끌게 된 것은 현대인들이 너무 얄팍한 두뇌만을 자랑하는 한 반증이다.

고대 중국의 춘추시대나 동양사회에서는, 비교적 정치가 속에 이러한 인물이 많이 있었다.

二

'알고 있다'는 것을 숨기는 술법

權謀術數

도회—라는 말은 자기의 재능을 숨기고 남의 눈을 속이는 것을 뜻한다. 도는 본시 '화살을 넣는 부대'의 뜻이 '챙긴다'는 뜻으로 변했고, 회는 '어둡고, 현혹한다'는 뜻이다.

춘추전국시대에는 나라의 흥망성쇠가 심했기 때문에 때로 자기의 신분을 속이고, 가장 술수를 쓰는 경우가 많았던 것은 말할 필요도 없을 것이다.

고대의 동양사회에서는 자기의 재주나 신분을 속이는 것이 겸허한 도덕으로 생각되는 수도 있었다. 연막전술이나 도회술은 단순히 적의 공격을 위해 자기를 보호하려고 술책으로 사용되는 것이 아니라 높은 차원의 자기 인생관을 지키기 위하여 '아는 것도 모르는 체'한다. 세상사에 관여하면 생살여탈이 심하기 때문에 그것을 피하는 자기 보호책이다.

그러나 이 연막전술과 도회술은 너무 고도의 판단과 지능이 사용됨으로써 오히려 통속적인 시기에는 피해가 손해를 입는다.

어떤 나라에서 임금과 대신이 바둑을 두고 있을 때 국경부근에서 적의 횃불이 오르고 적군이 내습해 왔다는 보고가 들어왔다.

임금은 당황하여 바둑돌을 내던지고 중신들을 소집하려고 했다.

그 대신은 아무 일도 없다는 듯 무표정한 얼굴로 임금을 제지하면서,

"염려 없습니다. 그 횃불은 이웃 나라 임금이 사냥을 하고 있기 때문입니다."

하고 말하면서 바둑을 계속했다. 임금도 할 수 없이 다시 바둑을 두기 시작했으나 마음이 편치 못했다.

한참 후에 국경에서 전령이 달려와서 적의 기습은 오보이며, 실은 이웃 나라 임금이 사냥을 하고 있는 것을 잘못 보고했다고 알려 왔다.

임금은 그제야 놀라운 표정으로,

"귀하께서는 어떻게 그것을 알고 있었소?"

하고 묻자 여전히 대신은 넌지시 대답하였다.

"나는 이웃 나라에도 정보망을 가지고 있어서 오늘도 임금이 사냥을 한다는 것을 알고 있었습니다."

그후 그 임금은 그 대신을 거꾸로 경배하여, 나라의 정치에서 경원해 버렸다.

이 얘기는 두 가지 문제점이 있다. 한 가지는 대신이 자기의 도회술을 끝까지 지켜, 적국의 사정에 대한 얘기를 구태여 할 필요없이 그것이 우연의 일치처럼 꾸몄으면 어리석은 임금의 경계심을 사지 않았을 것이라는 점이다.

다음은 능수능란한 대신을 잘 다룰 능력이 없는 무능한 임금이 유능한 부하를 상실했다는 점이다.

은나라의 주왕은 주야를 술자리만 계속하여, 그날 그날이 며칠인지를 모르고 있었다.

근신들에게 물어도 아무도 모른다고 했다.

그래서 왕족 중에서도 현자로 이름난 기자에게 사람을 보내 물어봤다.

기자는 집안 사람에게 말했다.

"임금 된 자가 날짜를 모르는 상태라면 세상도 끝장이다. 그러나 모든 근신들이 날짜를 잊어버렸다는데 나만이 알고 있다고 한다면 경계를 할 터이니 일신상 해롭다."

그래서 임금의 사신에게 "나도 취해서 오늘이 며칠인지 잊어버렸소"라고 대답했다.

이 글은 물론 '한비자'식의 우화일 것이다. 주왕은 대표적 폭군이요, 은왕조 최후의 왕으로 나라를 망친 사람이다. 은나라가 망한 뒤 기자는 중국을 떠나서 '고조선'으로 와서 임금이 되었다고 하지만, 이것은 일종의 '도피적 망명작전'이니 한국사의 시조로 삼을 필요는 없지만 그가 현명한 연막전술을 쓴 것은 틀림없다.

주위가 모두 취하고 있을 경우에 자기만이 위험을 무릅쓰고 고고한 체하여 순절하거나, 충간을 하다가 살해당하는 것보다는 이쪽이 현명하다. 그 대표적 예가 초나라의 굴원의 경우지만 그는 직접 살해되지는 않고 자살하면서 '거세개탁'이라는 어부사의 시구를 남겼다.

三 정체를 은폐하는 방법

權謀術數

이 '도회술'을 관리의 영역에 도입한 사람이 한비자이다.

그는 군주가 자기의 일신을 지키기 위해서는 절대로 신하들에게 진심을 보여서는 안된다고 주장하였다.

그 당시의 군주들의 지위는 결코 안정된 것이 아니고, 언제 중신이나 왕족으로부터 목이 달아날지 알 수 없는 불안한 것이었다. 사실 춘추전국시대를 통해 보면 쿠데타에 의하여 살해되거나, 혹은 추방된 군주들은 수십 명을 헤아린다. 어떻게 생각하면 그러한 사사건건처럼 무도하고 잔학한 일은 없을 듯하지만, 따지면 인간의 권력욕이나 잔학성은 그대로 오늘에 이어지고 있다. 다만 살해수단이 단순화했다는 차이가 있지만 나치 히틀러의 유태인 살인, 그밖의 전쟁 때의 살인행위는 예나 지금이나 다를 것이 없다.

누가, 어느 시대 사람이, 혹은 어느 쪽이 더 하다, 덜 하다라는 말은 별 의미가 없는 자기 변호이다.

법치주의에 의한 중앙집권으로 국력을 강화할 것을 주장한 한비자는 중신들이 반동적 쿠데타에서 군주를 지키기 위하여 심려했다.

—군주가 호, 불호를 나타내지 않으면 신하들은 본색을 드러낸다. 신하들이 본색을 드러내면 군주는 속는 일이 없다.

—그대의 말에 조심하라, 아니면 남이 그 정체를 뚫어볼 것이다. 그대의 행동에 조심하라, 아니면 사람은 그대에게 맹종할 것이다. 또 그대에게 지식이 있다는 것을 알면 사람은 자기의 무지를 숨기려 할 것이고, 그대에게 지식이 없다는 것을 알면 사람은 그대를 속이려고 할 것이다. 그러니까 자기가 모른 체함으로써 상대를 깊이 알 수 있다고 한다.

이같이 한비자는 윗사람과 아래층 사람의 관계가 대등한 인간끼리의 '인간관계'에 대한 요령을 제시했다.

서양에서도 마키아벨리가 한비자보다도 1천9백 년 후에 꼭 같은 말을 했다.

—인간은 그의 본심을 노출시키면 안된다. 목적을 달성할 때까지는 어떤 수완이라도 사용해야 하기 때문이다

다음에 그 예를 들어보자. 때는 한왕조의 말기, 천하는 다시 흔들

리고 위·촉·오의 세 나라가 서로 맞서서 역사를 꾸밀 때의 일이다.

이때 위나라의 조조와 촉나라의 유비가 다투고 있었다.

이 숙명의 경쟁자는 시초에는 조조가 훨씬 상위에 있었다. 즉 조조는 여러 반란을 모두 평정하고 재상 겸 군대의 대원수를 겸하는 최고의 지위에서 천하를 호령하고 있었다.

한편 유비는 짚신을 파는 신분에서 입신하여 좌장군으로 출세하지만 아직 조조에게는 당하지 못했다.

그러다 보니 조조의 독재를 미워하는 사람들이 몰래 그의 타도를 도모하여, 유비는 그 중심인물로 추대되고 연판장에도 서명하고 말았다. 그는 조조의 의심을 피하기 위하여 숙사의 마당에서 야채를 가꾸는 일에 정성을 쏟는다.

겉으로 한세월을 꾸미는 도회술이다.

하루는 그 유비를 조조가 불시에 호출했다.

"최근에 무슨 재미나는 일을 시작한 모양이군요."

하는 말을 듣자, 유비는 가슴이 섬짓하지만, 야채밭 이야기로 낙착되어 안도의 숨을 쉰다.

이윽고 술좌석이 되어 조조는 문득,

"귀하는 오랫동안 각지를 돌아온 모양인데, 현재 영웅의 이름에 적합한 사람은 누구겠소?"

그래서 유비가 대답하여, 일일이 열거하는 인물을 조조는 거부하고 말했다.

"가슴속에 대망을 품고 있는 천하의 영웅은 귀하와 나뿐이오."

유비는 마침내 자기의 도회술도 탄로가 났는가 해서, 저도 모르게 안색이 변하고 손에 들었던 젓가락을 떨어뜨렸다.

그 순간, 다행하게도 계속 내리고 있던 비구름이 확대되어 하늘에서 천둥번개가 울렸다. 유비는 틈을 주지 않고,

"번개에 놀라서 추태를 보여 죄송합니다."

하고, 가까스로 피하였다.

이것은 조조의 인물 테스트에 대한 유비의 은폐술이 겨우 모면됐다는 얘기이지만, 조조는 그러나 반란음모에 쓰러지지는 않았다. 그만큼 그는 용의주도했다. 다만 진중에서 싸우다 과로로 병사했으니 과연 조조는 조조였다.

四 연막전술의 기교

權謀術數

사람이 '멍청하다'고 하는 말이나, '미친 척한다'든가 하는 말이 있다.

한국 사람도 중국인처럼 어지간히 '체면'을 좋아해서 그런지 사람들이 너무 닮고 똑똑해서 멋이 없다. 사람들이 좀 바보스러우면 당장에 병신으로 만들거나, 어떤 붕당의 파벌싸움에서 제거시키려는 암투가 심한 조선시대를 거쳐서 그런지 사람들이 좀 덜 약았으면 싶을 정도이다.

'멍청한 표정'을 짓거나 '황홀경'에 도취된 것처럼 보이는 바보스러운 상태, 못난 척하는 태도를 가장하는 경우를 도회전술이라고 한다.

이것은 자기의 목적이나 생각이 따로 있을 때 그 정체나, 진실을 은폐하여 연막을 치는 것을 뜻한다. 연막을 친다고 하지만 평화시대의 경향은, 구태여 공격적인 것이 아니라 자기 인격의 이중성을 위한 개인적인 것이다. 그러나 전쟁에서의 연막전술은 화학적으로 연막을 치거나, 최루탄 또는 페퍼포그로 자기편을 숨기고 상대편의 공격을 커버하려는 전쟁도구다.

이 연막이 공격이나 수비의 어느 쪽에도 쓰이듯, '멍청한 체' 혹은 '미친 척', 또는 '무엇에 황홀한 체'하면서 남을 치는 경우와, 일신을 지키는 경우의 어느 쪽에도 사용된다.

이 초보적인 도회전술은 어린이들이 곧잘 부모를 속이는 수법으로 '잘못을 저질러 놓고, 시치미를 떼며, 모르는 척'하는 수법이 그것이다.

이 도회전술은 때로는 자기의 정체를 숨기기 위함이 아니고 타인에게 불리한 일을 구태여 아는 척하지 않고 모르는 척하여 피해자를 옹호하고, 가해자를 무마하는 '중화술' 또는 '무마술'로도 쓰인다.

옛날 중국의 제나라에서 맹자의 추궁을 받고 선왕이 궁지에 몰린 일화가 있다.

맹자가 선왕에게 물었다.

"먼 여행을 떠난 친구의 부재중에 그 처자를 맡아서, 책임을 지지 않고 굶주리게 버려두는 그러한 사나이가 있으면 어떻게 하시겠습니까?"

이 말에 선왕은 즉각 대답했다.

"추방해야지."

"그럼 장관이 책임을 다하지 못하고 부하의 통솔도 못하면 어떻게 합니까?"

"물론 면직할 것이다."

"그럼 나라가 잘 다스려지지 않고 있으면 어떻게 하십니까?"

그 순간에 임금은 질문을 회피하고 '좌우를 돌아보며 헛소리를 한다'라는 이야기가 있다. 마치 임금은 급한 다른 용무가 생각난 듯이 측근들을 돌아보면서 다른 이야기를 시작한 것이다.

대답에 궁하면 시치미를 떼고 멍청한 척한다. 이 경우는 다소 애교가 있고 익살스러운 해학성도 있다.

이 경우에 거꾸로, '가만 있자, 다른 사람에게 물어봐야 하겠는걸?' 하고 핑계를 하면서 그 모면을 기도하는 수도 있다.

이러한 수동적 경우가 아니고, 멍청한 시늉을 공격용으로 전환시킨 능동적 경우도 있다.

위나라의 지방관리도 있었던 서문표의 얘기를 또 하나 하겠다.

그가 업의 현령으로 임명하여 부임하자, 먼저 지방 사람들을 모아놓고 어려운 일이 없는가 하고 물어보았다.

그러자 이 부근에서는 해마다 하신에게 처녀를 제물로 바쳐야 하기 때문에 살길이 점점 어려워지고 있다고 말하였다.

"해마다, 때가 오면 무녀가 집집을 돌아다니면서 아름다운 처녀를 찾아냅니다. 그리고 비단의 새 옷을 입혀서 강가에 붉은 포장을 치고 사람을 금기하는 사당을 만들어 거기다 가두어 놓고 처녀에게 고기와 술·밥을 바칩니다. 이렇게 십수 일이 지나서 처녀가 시집을 갈 당일이 되면 혼여(가마)에 태워서 강물에다 흘려 보냅니다.

이 결혼비용으로 해마다 수만금이 할당되어 돈을 내놓지만 심지어 사용하는 것은 2, 30만금이며, 나머지는 그 지방의 토주대감과 무녀가 각각 절반씩 착복합니다. 이 비용도 비용이지만 처녀가 있는 집은 이웃 마을로 피하기 때문에 마을이 황폐할 뿐입니다."

"어째서 그러한 짓을 하는가?"

"하신에게 처녀를 바치지 않으면 마을에 홍수가 난다고 전해지고 있습니다."

"알았으니, 이번에 그날이 닥치거든 내게도 알려주도록 하게."

얼마 후에 그날이 왔다. 강가에 만반의 준비를 갖추는, 지방관리와 사당 어른들, 그리고 제자들을 거느린 무녀가 엄숙한 표정을 짓고 늘어서 있는데 2, 3천 명의 마을 사람들이 그들을 둘러싸고 있다. 처녀는 사당에서 걸어 나왔다.

그 순간, 서문표는 마을 주역들 쪽으로 얼굴을 돌렸다.

"이 처녀는 미인이라고 볼 수 없군. 하신에게 실례가 된다. 무녀여, 미안하지만 하신에게 심부름을 다녀와 주겠나. 좀 더 미인을 찾아 줄테니, 다소 기다려 달라고만 하고 하신에게 심부름을 다녀와 주겠나. 좀더 미인을 찾아줄 테니, 다소 기다려 달라고 일러 주었으면 좋겠어."

그리고 부하 직원들에게 명령을 시켜서 닫자 곧바로 무녀를 강물 속에 던져 버렸다.

"이상하군, 도무지 돌아오지 않는군. 그 제자들을 찾으러 보내라."

무녀의 제자 처녀들이 하나·둘·셋 차례로 던져졌으나 아무도 돌아오지 않았다.

"안되겠군. 무녀도 제자도 여자니까 하신 앞에서 말을 제대로 못하는가 보군. 토주대감과 사당어른에게 부탁해야겠군."

먼저 사당 어른의 한 사람이 던져졌다. 서문표는 넙죽이 큰절을 강을 향해 하고서는 한참 동안 바라보고 섰다가,

"아무도, 돌아오지 않군 어떻게 되었을까. 이상하군?"

하고 다른 관리와 어른들을 쳐다보고 어떻게 할 것인가를 독촉했다.

그제야 일동은 얼굴이 창백해지며, 목숨을 살려달라고 애걸복걸했다.

이후 하신에게 처녀를 시집보내는 행사는 폐지되었다.

이 이야기는 뻔히 들여다보이는 일을 전혀 시치미를 떼고, 멍청한 시늉을 하고 있지만 실은 매우 고의적이요, 전투적임을 알아야 한다. 오히려 넉살 좋게 뱃심이 강한 것을 알 것이다.

다음 또 한 이야기. 제나라의 이름난 재상 맹상군은 인재양성으로 알려져 있다. 그의 저택에 식객으로 들어온 풍환이라는 유세의 인사가 있었다. 이 풍환이라는 사나이는 맹상군이 사람을 잘 대우한다는 소문을 듣고 무작정 식객으로 들어왔을 때의 일이다.

맹상군의 저택에는 식객을 위하여 삼등급의 숙사가 준비되어 있었으나 풍환은 처음에 보잘것없는 풍채였기 때문에 최하급의 숙소에 기거를 시켰다.

그가 가진 물건이라곤 자루를 쇄기로 여민 한 자루의 칼밖에 없었다. 그는 그 칼을 손으로 두들기면서, 곡조를 붙여서 노래를 부르

며, 태연하게 앉아 있었다.

"장검이여, 돌아갈거나. 내게는 생선도 먹여주지 않는다."

관리인으로부터 그 보고를 받은 맹상군은 그를 중급의 숙사로 옮겼다. 이번에는 생선 찬이 나왔다. 그러나 풍환은 여전히 칼을 두들기며 태연하게 노래를 불렀다.

"장검이여, 돌아갈거나. 외출하는데 수레도 없다."

참으로 능청스러운 멍청한 시늉이다.

그래서 그는 최상급의 숙사로 옮겨지고, 전용의 수레도 주어지게 되었다.

그러나 그는 다시 칼을 두들기고 노래를 했다.

"장검이여, 돌아갈거나. 이래서는 처신을 할 수가 없군."

맹상군도 정말 어이가 없어 그대로 내버려 두었다. 풍환은 그 이상은 더 말하지 않고 그대로 1년 이상을 지냈다.

그후 풍환의 활약이 시작되지만, 인재를 대우한다는 것을 신조로 하고 있다는 맹상군이 기껏 풍채만으로 차별대우를 하는 데 대해 풍환은 멍청한 시늉으로 허점을 찌른 것이다.

단순한 능청을 떤다든가, 고의로 넉살 좋은 뱃심을 부리면서 여자를 구슬리는 사나이들도 많지만, 이 풍환의 경우는 일종의 익살스러운 해학성을 지니고 있다.

이러한 도회전술은 동양인이 아니고는 좀처럼 보기 힘들다. 다만 인도나 아라비아인들은 지나쳐서 철저한 은폐주의로 나가거나 신비주의로 치닫기 때문에 인간관계의 묘미가 없는 특수한 처세술이다.

五

도회전술의 처세훈

權謀術數

이상에서는 전술로서의 '도회술'을 얘기했지만 단순한 일시의 연막전술이 아니고, 철저한 처세술로서의 '도회 인생'을 사는 한 방법이 이 도회전술이다.

어쩌면 은자를 닮은 것 같지만 기실 은자는 현실에 대한 인식이 근본적으로 다르다. 도회 인생은 은자처럼 초연하지가 못하고, 무척 속된 것이 도회적인 처세술이다.

한나라 경제(기원전 151) 때의 일이다. 시종장에 주문이라는 사나이가 있었다.

시초에는 시의로서 선대의 문제를 모시고 있었으나 태자의 몸시중을 들게 되어, 태자가 즉위하자 시종장이 되었다.

이 주문은 입이 무겁고, 신중한 인물이었다. 항상 누덕누덕 누빈 옷을 입고, 때가 많은 예복에다 일부러 더러운 풍채를 하고 있었다.

그래서 임금은 안심하고 그를 침실에까지 출입을 시키고, 여자와 방사를 할 경우에도 대기를 시켰을 정도였다. 이 경제가 돌아간 후에도 그는 시종장의 지위에 머물러 있었으나 후궁에서 일어난 일은 한번도 입에 담지 않았다. 때때로 주문은 경제로부터 신하들의 인물에 관해 하문을 받았으나 그때마다,

"임금께서 판단하십시오."

하고 말하고, 신하의 운명을 좌우하고 말은 입밖에 내지 않았다. 그 때문에 임금은 두 번이나 그의 저택으로 왕림하여 경의를 표했다.

그가 서울인 장안에서 양능으로 거처를 옮겼을 때도 임금은 기회 있을 때마다 여러 가지 하사품을 내렸으나 그는 그때마다 사양했다. 물론 제후나 군신으로부터의 선물도 받은 적이 없다.

다음의 무제가 즉위하고는 그도 선제의 총신으로서 대우를 받았다. 그는 말년에 병으로 사직하고 2천 석의 신분을 지니고 고향에 은거하였다.

이 주문이 시중을 든 시기가 바로 왕비가 죽고 후궁 율희가 아들을 낳아 왕비가 되려다 실각하고, 태자도 폐위되어 다음 후궁의 아들, 무제가 등극하는 착잡한 궁중생활에서 그의 철저한 도회전술의 처세법은 유종의 미를 거두게 되었다.

권력의 주변에서 부정만 일삼는 인물과는 천양의 차가 있다.

다음 또 한 가지 이야기는, 역시 한나라의 무제가 재위할 때이다.

(기원전 170년경), 궁중의 서기관을 하고 있던 동방삭이라는 인물은 이미 도회 인생의 시범 사례로 알려져 있는 사람이다.

동방삭은 시초에 그의 상소문이 임금 무제의 관심을 사서, 시종으로 발탁되어 임금을 모시게 되었다.

임금은 그의 소위 태도가 좋아서 자주 배식도 함께 했으나, 그는 먹다 남은 고기를 몽땅 그대로 품에 넣어 가지고 갔다. 옷은 진득진득해졌지만 개의치 않았다.

때론 비단을 하사받았으나 그는 그것을 아무렇게나 어깨에 메고 물러나오기도 했다.

돈이 생기면 젊은 여자를 취하여 1년쯤 살다가 버리고 또 다른 여자를 구했다. 하사된 돈이나 물건은 모두 그 일에 탕진했다.

동료들은 그를 변태자로 취급했으나, 임금은 "삭에게 일을 시키면 너희들은 흉내도 못내" 하고 말하였다.

취하면 아무렇게나 잠들고, 이러한 노래를 곧잘 불렀다.

> 풍진 세상 사는 데 힘들건 없어
> 어디에 있던지 마음 탓이야
> 세상을 사노라, 궁중시중일세
> 깊은 산, 암자를 구태여 찾을거나

한번은 후배들이 그에게 따졌다.

"소진이나 장의는 그 이름을 후세에 남기고 있습니다. 당신처럼 학문도, 지식도 있는 분이 이상한 생활을 하시면서 출세하려고도 하지 않으니 무슨 까닭입니까?"

동방삭은 이때, 후배들에게는 제법 진지한 답변을 한 것으로 《사기》에는 전해져 있다.

—제군에게는 그 이치를 알 까닭이 없어. 소진이나 장의는 약육강식의 전국시대이기 때문에 출세한 것이다. 오늘 한왕조의 세상은 질서가 안정되고 있다.

소진이나 장의가 지금의 세상에 태어나면 별수 없는 인간이 되었을걸세. 옛날부터 '천하에 재해가 없으면 성인인들 그 재간을 쓸 도리가 없고, 상하화동하면 현인인들 공을 세울 여지는 있다'고 하지 않았는가.

시대가 변하면 사정도 변한다.

지금 재야에서는 빛을 못보는 인물은 많이 있다.

평화로운 시대에 인물이 초야에 묻히는 것은 별로 이상한 일은 아닐세.

동방삭이 산 시대는 전국 난세가 끝나고 이미 백 년 가까이 경과하고 한나라 왕조의 안정기가 된다.

후한까지는 아직도 백 년의 세월이 남았다.

현체제 속에 살면서, 그러면서도 그 체제에 만족할 수 없어서, 갈등을 느끼며 거기에 한갓 개성을 주장하려는 인간의 모습을 찾아볼 수가 있다.

이것은 아주 차원 높은 도회 인생의 철학이 필요하다. 결코 무능하고, 미진한 지성으로는 엄두도 못내는 권모술이다.

구태여 자신을 지킨다기보다도 완전히 연소시킬 수 없는 반골 기질이 울적된 형태로 나타나면서, 현실과의 진퇴유곡과 같은 궁지에 빠졌을 때 가끔 이러한 방식이 요구된다.

제12장

전면위장의 전법

적의 눈·귀·코 등, 모든 것을 기만하는 사기술은 착각과 오인의 심리 현상을 이용하여 적의 판단을 속이고 적의 허점을 찌르고, 기습하거나, 혹은 그에 의하여 위기를 벗어나는 위장전술이다. 이 방법은 가장 원시적이며 본능적이라고 할 수 있는 방어와 공격의 형태이며, 동식물의 보호색과 의태에 그 원형을 찾아볼 수가 있다. 그러나 복잡한 오늘의 사회에서도 가장 잘 사용되는 것이 이 방법이다.

수평사고로 적을 노린다

權謀術數

'적벽대전'이 전면전을 개시하기 수일 전의 일이다. 촉의 군사 제갈공명은 오군의 진지에 공동작전의 설득을 하려 했다.

오군의 통수 주유는 지략으로 알려진 모장이었으나, 음모의 귀신이라고 할 공명에 비하면 그의 모략은 손바닥을 뒤집듯 들창이 나고 말았다. 주유는 공명의 지략을 두려워하여 지금은 촉나라와 우호관계를 맺고 있지만 대체로 적대하지 않을 수가 없으리라 생각하여, 조조보다도 먼저 공명을 처치하여야 할 필요가 있다고 마음먹었다.

어느 날, 주유는 부대장이 모여 있는 자리에 공명을 불러서 조조와 싸우는 무기에 대해서 물었다.

"대강의 위이니 화살을 먼저 쓰게 되리라고 생각하오."

하고 공명이 답하자 주유는 즉각,

"나도 다른 선생과 동감입니다. 그러나 현재 우리 군사에게는 화살이 부족합니다. 어떻게 10만 개 정도를 열흘 안에 돌려주지 않겠습니까?"

하고 요청하였다.

"어렵잖은 일입니다. 그러나 조조가 내일 공격할지도 모르는데 열흘이라니 너무 한가한 말씀이오. 사흘 안으로 조달을 해야죠?"

"사흘이라뇨!"

"사흘만 있으면 충분합니다. 만약 되지 않으면 나의 목을 주어도 좋소."

하고 공명은 깨끗이 도맡았다.

주유는 속으로 혼자 미소를 머금었다.

"공명도 크게 영리하지 못하군" 하고 군대 속에서 일하는 목공들에게 공명이 부탁하는 일은 고의로 지연시켜서 필요한 것을 구비하지 말도록 명령했다.

동시에 밀정을 보내어 공명의 거동을 탐지시켰으나 공명은 첫날도, 그 다음날도 유연하게 놀고 있었다. 다만 주유의 부장인 노숙에게 배 20척과 그 배 마디에 병사 30명, 그리고 배 안에는 잡초의 더미 천 뭉치를 배의 양쪽에 쌓아놓고, 그 위에다 푸른 포막을 덮어두라고 일러 놓았을 뿐이다. 3일째 심야에 공명은 몰래 노숙을 배 안으로 불렀다.

"지금부터 함께 화살을 가지러 갑시다."

하고 짙은 안개 속의 양자강 북안을 향해서 선단을 출발시켰다.

날이 샐 무렵, 조조의 진지로 접근하자 공명은 선단을 적진을 향해서 한 줄로 세우게 하고 일제히 북을 치며, 함성을 지르게 하였다.

"적이 밀어닥치면 어떻게 합니까?"

하고 노숙이 묻자 공명은 웃으면서

"조조는 이 짙은 안개 속을 쳐들어오지는 않습니다. 술이나 마시고 안개가 개일 듯하거든 돌아갑시다."

하고 말하였다.

한편 조조의 진영에서는 적이 내습했다는 급보를 듣고,

"안개 속을 갑자기 내습하였으니 복병이 있음에 틀림없어. 함부로 배를 내지 말아라. 다만 화살을 쏘아라!"

하고 명령이 떨어지자, 수륙 양군 약 1만 명의 사수들이 비가 쏟아지듯 화살을 쏘아댔다. 공명은 선단에게 적진의 앞을 오락가락 시키면서 계속 북을 울리고, 함성을 지르게 하였다.

이윽고 해가 돋고 안개가 개이자, 공명은 선단에 철수를 명령하고, 군사들에게 일제히 "조조, 화살은 고맙소" 하고 외치게 했다. 조조는 아차 당했구나 하고 이를 갈았다.

공명은 돌아가서, "배마다 5·6천 개의 화살이 있으니 이만하면 10만 이상이 될 것이오. 내일이라도 적군을 향해 도로 쏘아주시오"라고 말하고 노숙에게 선단을 인계시켰다.

노숙은 "선생은 귀신 같은 분이오. 어떻게 해서 오늘의 안개를 알 수 있었습니까?"라고 물었다.

공명이 대답했다.

"장수 될 자는 모름지기 천문에 통달해야 하오. 그것도 모르고 또

지리와 팔진의 병법, 음양을 모르고서는 범인에 지나지 않소."

하자, 노숙은 감탄하여 주유에게 10만 개의 화살을 모았다고 보고했다.

수평사고와 수직사고의 대결

주유는 진중의 목공을 손아귀에 쥐고 다루면 10만 개의 화살을 기한 내로 조달할 수 없으리라고만 생각하고 있었다. 그러나 공명 쪽에서는 일정 기간에 화살을 모으려면, 자기가 만들어 내야 한다는 전통적 수직사고법을 제쳐놓고, 훔치든지 빌리든지, 횡취를 하든지 하는 다른 방법을 생각하고 있었다.

'10만 개의 화살을 모은다'는 예를 두고 보더라도 주유와 공명의 지모의 차이는 수직사고와 수평사고의 엄청난 차이를 알 수 있다.

사람은 일반적으로 전통적인 사고법에 묶여서, 그 테두리 안에서 사물을 생각한다. 곤란에 직면하여, 전통적인 사고방식으로는 해결법이 찾아지지 않을 때는 근본적으로 발상을 바꾸면 좋은 생각이 떠오르는 경우도 있다.

二 트로이의 목마전술

權謀術數

기원전 234년, 제갈공명은 여섯 차례나 기산으로 출병하여 오장원에 진을 치고, 위군의 총수 사마중달이 이끄는 군사와 대진했다.

절세의 정략가인 제갈공명은 이 전투에서 마침내 진중에서 병사하게 된다. 그는 병사하면서도 평소에 만들어두었던 자기의 등신대의 좌상을 전차에 싣고, 마치 그가 살아서 진두지휘를 하고 있는 것처럼 위장을 시켜놓고 촉나라 군사를 퇴각하도록 명령하였다.

공명의 전술에 거듭 고전을 면치 못하여 지구전을 취하고 있던 중달은 공명의 죽음을 탐지하고 비로소 때가 왔다고 스스로 위군의 선두에 서서 쳐들어갔다. 그러자 전방의 산 모퉁이에서 촉군이 나타났다.

그것을 보니 선두에 달려나오고 있는 것은 항상 보아온 공명의 마차이며, 여전히 수레 위에서 지휘를 하고 있는 공명의 모습이 아닌가. 중달은 거짓 사망의 제보에 속은 줄 알고 소리치며 전군에게 퇴각 명령을 내렸다.

대개 의병을 하는 아이디어는 두 가지의 기본 요령이 있다. 한 가지는 군사가 아닌 것을 군사인 것처럼 보이게 하는 것이고, 다른 한 가지는 군사를 군사가 아닌 것처럼 꾸미는 것이 그 형태이다.

오늘의 현대전에서도 이 의병의 음모와 병진을 꾸미는 술수는 흔히 사용된다.

임진란 때 이순신 장군이 왜적과 싸울 때 한산도 앞바다에서 군선에 병사의 허수아비를 세워서 적과 싸운 것은 그 한 예이다.

중국의 《사기》에는 유후세가의 "산상에 깃발을 세워서 의병으로 한다"라는 기록이 있다. 또 《삼국지연의》에는 '성을 위장하는 술'과 '짚으로 만든 인형'의 위장술이 사용된 것을 언급하고 있다.

의병이라는 것은 병사가 아닌 것을 병사로 꾸미는 계략이지만, 거꾸로 병사를 병사가 아닌 것처럼 위장하는 예는 있다.

가령 《삼국지연의》에서 보이는 오나라의 여몽장군이 형주를 침공했을 때, 쾌속선 80척의 선창에 3만 명의 군사를 숨겨 놓고 윗 의복을 입은 행상으로 꾸민 병사들로 하여금 배를 젓게 하여 양자강을 건넌 예가 있다. 또 춘추시대에 진나라의 헌공이 호국의 하양성을 공격하였을 때 병사를 숨겨놓은 전차 100대를 보내어 낙성시킨 일이 있다.

서양에서 말하는 고대 그리스 시대, 그러니까 기원전 13, 4백 년 전, 트로이족과 그리스가 서로 장기전을 벌이고 있었다. 이때 트로이의 성이 좀처럼 함락하지 않았기 때문에 이 성을 공격하던 그리스 군대에서 거대한 목마 속에다 결사대를 잠복시켜 놓고 다른 군사는 앞바다의 섬으로 철수를 시켜 트로이군이 성문을 열고 나오자 목마 속에 있던 군사가 나와서 결국 트로이의 성을 함락시킨 일이 있다.

근대전에서도 지형이나, 정글지대 등에서는 흔히 전차나 대포를 위장하는 것은 이미 군사의 초보지식으로 되어 있다. 아무리 특수병기가 발명되어도 사람의 눈을 속이는 술수는 예나 지금이나 다를 바 없다.

현대의 각종 위장술

위장술은 기실 인간계뿐만 아니라 본시 동물계에서 더 발달하고 있다. 동물의 보호색, 죽은 시늉을 하는 의태, 경계하라는 자세 등은, 곤충종류에서 포유류에 이르는 광범한 것이다. 모든 동물은—인간을 포함해서 한마디로 위장본능의 소유자라고 하는 것이 옳을 것 같다.

한국이나 중국에서는 '처용귀'와 '종욱의 귀신상'을 문앞에 붙여놓는 습관이 있다. 한국의 들에는 으레 사람의 허수아비가 서 있지만 이것은 새에 대한 위장술이며, 교통전쟁에서 위험지역에 '인형경찰'이나 그밖의 위장표지를 세우는 수가 있다.

또 회사나 장사하는 사업가들은 의례껏 주주나 세금공세에 대비하여, 적자상법이나 이중장부·분식결산 등으로 기업경영자들은 온갖 위장술을 취한다. 뿐더러 개인가정에서도 부부간에 가계부의 위장을 하는 경우도 있다. 때로는 큰 간판이나 으리으리한 호화판 사무실을 차려놓은 유령회사는 봉을 잡기 위한 위장술이다.

특히 현대 위장술의 흥미있는 종류에는 여성들의 가슴패드 사용으로 가슴을 크게 보이게 하거나, 성형수술로 코나 얼굴을 꾸미는 '미의 위장술'은 애교만으로 볼 수가 없는 경우도 있고, 가발이나 여장남성 등 남녀 성을 위장하는 경우 등등, 과연 현대의 위장술은 그야말로 천태만상이다.

三 미소전술과 장력

權謀術數

다음의 이야기는 앞에 얘기한 제갈공명과 사마중달이 오장원에서 싸울 때의 다른 한 술책을 보여주고 있다.

중달은 공명에게 여러 번 고배를 마셨기 때문에, 보급로의 거리가 먼 촉군의 불리를 계산하면서 철저한 지구전을 펴고 있었다.

물론 이 전투에서는 공명이 진중에서 병사를 했으나 지구전의 성과는 있었다고 보겠다.

그러나 이 전투에서 공명이 아무리 비겁하다고 욕지거리를 하고, 극도의 수모를 주어서 유인을 해도 중달은 좀처럼 응전하지 않았다. 마지못해 공명은 여자의 머리 수건과 흰 상복을 넣은 큰 상자와 편지를 중달에게 보내주었다.

"자네에게는 이것이 가장 어울린다. 수치를 아는 사나이라면 정정당당하게 응전을 하라."

중달은 이 도발에 속지 않았다. 마음속으로는 성을 내면서 웃음을 띄우고,

"공명은 나를 아녀자로 보는가?"

하고 받아들이며, 사자를 후하게 대접하면서 물어본즉,

"재상은 일찍 일어나서, 늦게 주무십니다. 죄도 20대의 장형 이상은 스스로가 조사를 합니다. 그럼에도 식사는 조금밖에 들지 않습니다."

하고 사자는 대답했다. 이 말을 들은 중달은 빙긋이 웃으면서 생각했다.

"그렇다면 공명은 목숨도 길지는 않겠군."

제갈공명이 역무에 시달려 병사를 한 것은 그후 얼마 되지 않았다.

중달은 공명이 뭐라고 말하여도 '웃는 얼굴에 칼을 숨기는 술'로써 공명의 죽음을 사전에 예견할 수가 있었다.

'정'과 '뜻'의 의장술을 이용하여, 적의 판단을 기만하는 수도 있다. 그것이 '미소 뒤에 칼을 숨기는 술'이요, '입에는 꿀이 흐르고, 배에는 칼이 들었다'는 수법이다. 중국인은 이것을 '소리장도' 또는 '구밀검복'이라고 말한다.

음모가에게는 적을 공격하는 데에서도, 적의 공격을 수비함에도 이 두 가지의 술법은 결코 없어서는 안된다. 음모가의 면허장을 손에 넣기 위해서도 없어서는 안될 두 개의 보도이다.

공명이 아무리 정면으로 모욕을 주어도 결코 맞대놓고 중달은 분노를 느끼고 쳐들어가지 않고, '웃으며' 상대의 사자를 대하면서 상대의 병세를 알고, 지구전을 계속하여 결국 승리로 이끌었다.

한국 사람의 속담에도 "웃는 얼굴에 침 못뱉으랴"라는 말이 있다. 상대가 아무리 화가 나도, 비록 자기가 아무리 비굴하게 보일지라도 '웃는 얼굴'로 그 당장을 얼버무려 호도할 수 있는 것은, 한국인의 장점이기도 하고 약점이 되기도 한다. 실상은 '웃는 얼굴'의 뱃속에는 온갖 흉계가 있다고 생각할 때 그냥 넘겨버릴 수 없는 일이다.

중국 당나라 때의 재상 이임보에 대하여 《당서》에 다음과 같은 말이 있다.

—이임보는 재상이었다. 덕망과 공업으로 그와 겨누는 자가 상감의 덕분으로 후대를 받고, 그 위세가 이임보에 능가할 사람이면 모든 계책을 써서 그를 제거했다. 그는 대로는 이를 좋게 말하고 혹은 감언이설로 그를 모함하였다. 세상이 말하기를 임보는 입에는 꿀을 바르고 뱃속에는 칼을 품었다.

칼 따위를 뒤에 숨기고, 미소를 간판으로 내세우며, 적의 경계심과 투쟁심을 부르게 하여 마음의 무장을 해제한다. 거액의 재물을 쌓고, 권력의 자리에 앉는 성공자의 대개는 이 수법이 능숙하며, 주위의 강적에 마음의 무장을 해제시키고, 그 허점을 마구 처단하여 현상유지를 꾀한다.

四

웃음의 배신술

權謀術數

제나라가 송나라를 침범했을 때의 일이다. 송나라에서 장자를 보내어 초나라에 구원을 청하였더니 초나라의 임금은 매우 반가워하며, 구원의 요청을 환대하기에 인색하지 않았다. 그러나 장자는 신통찮은 얼굴로 물어봤다.

그것을 본 마부가 이상하게 여겨 물었다.

"구원을 승낙해주었다는 데도 근심스러워하시는 것은 어찌 된 영문입니까?"

"송나라는 작고, 제나라는 크다. 도대체가 작은 송을 구하고, 큰 제에게 미움을 받는다는 것은 초왕으로서는 생각할 문제야. 그럼에도 초왕의 얼굴에는 하등 그러한 기색이 없었다. 이것은 틀림없이 제나라가 싸우는 것을 기뻐하고 있음에 틀림없다. 우리 송나라를 격려하여 제나라와 싸우게 하고 제나라가 약화되면 초나라로서는 그만큼 득을 보는 셈이니까 말야."

장자는 대답했다.

장자는 귀국했다. 과연 제왕이 송나라의 5개 성을 공격해도 초왕의 군대는 오지 않았다.

중국에는 "노하는 것은 인간의 상정, 웃는 사람은 예측할 수가 없다"하는 말이 있다. 우리의 주변에서 성미가 급한 사람치고 음모에 능한 사람은 없지만, 성낼 때 오히려 웃는 얼굴을 보이는 것은 '예측할 수 없다'고 경계하는 것이 당연하다.

'웃는 얼굴에 칼을 가는' 술법은 정면충돌, 혹은 서툰 수작의 대결을 회피하는 데는 없지 못할 음모가의 보도이다. 대결을 강요당하고 불리한 상황에 쫓겼을 경우, 적의 의혹을 제거하고 공격성을 완화하기 위해서는 없어서는 안될 자세이다.

이것은 미소전술로써 적을 안심시키고 경계를 풀어, 무방비의 틈을 타서 그것을 역용하는 수법이다. 물론 이 술수로 허를 찌르거나, 불의의 습격을 하기 위해 적을 무방비상태로 유도하는 적극적 이점도 있지만, 반면에 자기가 도피하거나 자기의 심리를 은폐하기 위한 소극적 방위를 위한 것이기도 하다.

'소문만복래'란 말은 만인을 위한 평화적인 처세훈이기도 하다.

동양인과 미소전술

한국인과 일본인은 걸핏하면 희·로·애·락·공포, 즉 5정을 그대로 얼굴에 나타낸다. 그러나 중국인은 좀체 웃는 얼굴을 볼 수가 없다. 실상에 중국인은 한국인에 비하면 표정이 어둡고 무겁다는 것이 상식이다. 그 이유는, 중국인은 얼굴과 입으로는 예측할 수 없는 심사숙고의 타산가이기 때문이다.

생각이나 의식이 존재하는, 생활의 반영인 것처럼, 희·로·애·락의 감정도 사회의 반영이다. 봉건시대에는, 전제군주 앞에서는 누구나 자기의 감정을 함부로 표시하지 못했다. 의례껏 부모 앞에서나, 어른 앞에서는 웃지도 못하는 엄격한 생활윤리를 우리는 강요당해 왔다.

그래서 웃어른의 눈치만 살피고, 권력에 아첨하면서 자기의 감정을 속여서 연출하는 생활 관습에 젖다보니 웃음을 잊어버린 한국이나 중국 또는 일본의 봉건·전제시대의 생활태도였다.

그중에서도 특히 중국사회에서는 고대로부터 전제관료의 억압 밑에서, 가부장적 규제 아래서, 그리고 유교사상이라는 예의범절의 정신적 지배 하에서 인간의 5정은 말라버리고 삐뚤어지게 표현되었다. 게다가 춘추시대, 전국시대나 혹은 대륙의 노략질과 침공에 시달리면서 항상 자기의 처신을 숨기고 살아온 민족들은 웃음을 음모로 변장하는 각도로 발달했다.

한국인의 양반도와 일본인의 무사도는 더욱더 이러한 웃음을 억제하는 자세를 강조했다. 그럼에도 한국인과 일본인은 지리·풍토와 국민성의 차이에서 웃으며, 감정적으로 행하는 일이 많다.

그러나 중국인은 원모심산하는 성격이 그대로 현대까지 지속되고 있다. '웃는 얼굴에 칼을 숨기고 있다'는 오랜 그들의 폐쇄된 전통사회의 생활태도가 오늘까지도 도무지 그 속마음을 짚을 수 없도록 보이게 한다.

중국인은 무덤의 구렁텅이에 던져놔도 살길을 바란다. 그들은 승산이 있으면 결코 자결하지 않는다. 비굴을 삼키면서도 대결을 회피하고 연명을 시도한다.

현대판 미소술

교섭·회담·회의·면접과 같은 대담의 장소에서 가장 많이 사용되는 수법은 '미소전술'이다.

핑퐁외교 이후, 중국이 취하고 있는 정책은 한마디로 '미소외교'라고 할 수 있다. 어제까지 미국을 실컷 욕질하다가도 하루 아침에 변하는 것이 미소술이다.

물론 국제정치의 현장에서뿐만 아니라 국회의원이나 정당의 권력투쟁과 당리당략을, 내지는 홍정에서도, 회사 안의 경쟁자의 다툼, 기업과 기업 사이의 경쟁에서도 공공연하게 욕지거리를 하기보다도, 회의장에서 요정에서 흰 이빨을 보이면서 인의도덕을 말하고 이해손득을 설득한다.

적의 호감을 얻으려면 아첨이나 애교웃음을 하고, 여자 같으면 교소를 하거나 유혹적인 미소를 짓는다. 적〔상대〕에게 타격을 주려면 총알보다도 솜뭉치 같은 미소술을 쓰던지, 조소나 냉소를 사용하고, 궁지에 몰렸을 때는 폭소를 하던지 대소를 하는 수도 있으며, 때로는 적의 동정을 사기 위하여 웃으며 우는 표정도 필요하게 된다.

五

양도를 내걸고 구육을 판다

權謀術數

제나라 임금 영공은 남장의 미인을 좋아해서 궁중의 여자들에게 남장을 시켜 놓고 즐겼다. 이 최첨단 유행이 온 제나라 국내에서 유행이 되어 일반의 시중 여자들까지도 남장을 하게 되었다. 그래서 영공은 엄격한 금지령을 내렸다. 물론 궁중만은 상관이 없었으므로 여전히 남장 여인으로 눈을 즐기게 됐다.

그러나 시중은 금지령에도 불구하고 더욱 성행했다. 금지령의 효과가 없는 것을 안 영공은, "어찌된 일인가?"라고 하문했다. 안자는 이렇게 대답했다.

"임금께서 안으로는 이것을 복용케 하고, 밖으로만 금지하니 이것은 곧 우수를 문에 걸어놓고 집안에서는 마육을 파는 것과 같소이다."

'소머리를 문간에 걸어놓고, 말고기를 판다'는 것이 양수구육의 뜻을 말하는 최초의 예이다. 그러나 후한의 유향이 찬술한 《설원》의 '이치편'에는 "우골을 문간에 걸어놓고 마육을 안에서 파는 것과 같으니라"고 되어 있다. 또 《후한서》의 '광무기'에는 "양두를 걸어 놓고 마박을 팔고, 도척(춘추 시대의 대도적)이 공자의 말을 한다"라고 되어 있다. 그후 《무문관》이라는 책자의 '세존염화'라는 대목에서 처음으로 "양두를 걸어놓고 구육을 판다"는 문자가 나왔다.

우수·우골·양두에다 마육·마박·구육 등으로 바꾸어서, 내는 물건과 파는 물건이 다르기는 하지만 '내거는 간판에 거짓이 있다'는 뜻은 같다.

하긴 오늘날 한국이나, 홍콩에서는 구육〔개고기〕이 양육보다 훨씬 비싸게 팔린다. 양고기가 개고기보다 비싸다는 것은 옛날에는 개를 천시한 뜻이다. 지금은 말은 바뀌지 않았지만 현실의 공급과 수요가 역전된 셈이다.

연왕은 세밀한 공예품을 매우 좋아했다. 위나라의 사나이가 임금에게,

"저는 나무의 가지 끝에다 원숭이의 상을 새기는 재주를 지니고 있습니다."

하고 자기 솜씨의 자랑을 했다. 임금은 기뻐하여 그 사나이에게 봉지를 주고, 섬기게 했다. 하루는 임금이 이 위인에게 물었다.

"손님이 새긴 나무 가지 끝의 원숭이를 보고싶은데."

"백성의 임금 된 어른이 그것을 보려면 반 년 동안 후궁의 부인들을 멀리하고, 술도 고기도 끊고 청정한 생활을 보낸 후에, 비가 개인

맑은 날을 택하여, 햇빛 그늘에서 보셔야 합니다."

하고 말씀을 올렸다. 이러한 굴욕생활은 도저히 연왕이 감당할 수는 없다. 그러니까 임금은 위나라의 공예가를 부양하여도 그가 새긴 원숭이를 볼 수가 없었다.

그러나 연나라의 성밖에 있는 마을에 철공업을 업으로 삼는 사람이 있었다. 그 사나이가 어느 날 연왕에게 일러 주었다.

"여러 가지 세밀한 기물은 반드시 조각도로 깎고 저미고 있습니다만, 어떤 경우에는 깎기는 재료는 조각도의 끝머리보다는 크게 마련입니다. 그런데 가지의 끝머리는 너무나 가늘어서 조각도의 칼끝을 쓸 여지가 없을 것입니다. 그렇다면 조각도로써 새긴다는 것은 불가능합니다. 임금께서 한 번 그 손님이 사용하는 조각도를 보시면 좋을 것입니다. 손님이 자랑하는 기교가 과연 진짜인지 어떤지 하는 것은 그 조각도를 보면 알 것입니다."

연왕은 이 말을 듣고 "과연 그건 좋은 생각이야"라고 말하고, 위인의 공예사를 불러서 물어보았다.

"손님께서는 나무 가지 끝에 원숭이를 새기는데, 도구는 무엇을 씁니까?"

"물론 조각도를 사용하옵니다."

하고 대답하였다. 그래서 임금은 손님이 사용하고 있는 조각도를 보여달라고 말했다.

"그럼, 잠시 시간을 주십시오. 집으로 가서 가지고 오겠습니다."

위나라 사람은 말하고 물러간 뒤, 다시는 돌아오지 않았다.

현대는 출장판매·호구판매의 시대이다. 찾아가서 양수구육의 기만적 선전으로 한몫보는 시대이다. 모든 상품은 광고를 통해서 말로만 또는 선전상으로는 그럴 듯하게 보인다. 우선 그가 사용하고 있는 조각도를 보여달라고 하는 것이 현명하다.

제13장

중상의 기법과 그 대응책

인간관계에 중상과 모략은 오히려 필수적인 것인지도 모른다. 이 중상의 세균에 한번 다치면 아무리 건강한 몸이라도 역시 상처를 입고 만다. 참으로 익살스러운 일이지만 사람이 모여 있는 곳에는 반드시 이 세균이 꿈틀거리며 날뛴다. 미리 한번쯤 그 실상을 알아두고 면역성을 길러 두는 것이 상책이다. 그런 뜻에서 중상의 논리와 그 수법을 풀어보겠다.

소문의 '공명작용'을 이용할 것

權謀術數

'공명'이라는 것은 말할 나위도 없이 외부로부터의 음파의 자극을 받고 그 진폭이 증대하여 울리는 현상이다. 이 작용을 이용하면, 약한 힘이라도 되풀이 거듭함으로써 더 큰 진동을 얻을 수 있다.

중상을 강력한 것으로 만들기 위해서는 이 '공명작용'을 일으키면 된다. 중상은 그것에 의하여 확대되는 동시에 진실성을 띄게 된다. 그 단적인 것이 이른바 '소문'이다.

소문의 증폭작용에 관해서 《사기》라는 책에는 효도로 이름난 인격자인 증삼을 대상으로 한 우화가 있다. 증삼은 한편 증자로 존칭을 얻어, 공자의 제자로서 《효경》이라는 책을 저술한 사람으로도 알려져 있다.

얘기인즉, 이 증삼과 동성동명의 사나이가 사람을 죽였다. 사건을 성급히 전해 들은 이웃 사람이 증삼의 어머니에게로 달려가서 외쳤다.

"아드님이 사람을 죽였습니다."

어머니는 조금도 동요하지 않고, 베를 짜던 손을 멈추지도 않고 그 말을 곧이듣지도 않았다. 한참 후에 다시 다른 사람이 찾아가서 일렀다.

"아드님이 사람을 죽였습니다."

어머니는 역시 믿으려 하지 않고, 계속 베를 짜고 있었다.

얼마 후에 이번에는 세 번째 사나이가 달려갔다.

"아드님이 사람을 죽였어요."

어머니는 손에 쥐고 있던 도구를 팽개치고, 베틀에서 내리더니 담을 넘고 도망을 쳤다.

《사기》에서는 이 대목을 말하기를, 실로 증삼의 현명과, 그 어머니의 믿음을 가지고도, "세 사람이 의혹을 품게 하면 그 어머니도 두려워한다"고 표현하고 있다.

증자와 같은 훌륭한 인격자와, 자기 자식을 신뢰하는 모정이 갖추어진 이러한 조건 하에서도 세 사람으로부터 같은 얘기를 들으면, '혹시' 하는 생각이 생기는 것이 상정이다.

이것이 소문이 가지는 마력이라는 것이다. '소문'이라는 확성기를 통함으로써 중상의 '공명작용'을 일으킬 수 있는 것이다. 그 열쇠는 '되풀이'이다. 사람은 한 가지 일을 거듭하여 들으면 곧 그것을 진실로 생각하게 마련이다.

'혹시?'가 '그렇다면!'으로 변하고 다시 '역시'로 바뀌어 간다. 이 부정에서 긍정으로의 과정을 사람들은 조심해서 반성해 볼 필요가 있다. 심리학의 실험에 의하면 전혀 동일한 내용을 반복하기 보다는 조금씩 다르게 해서 되풀이하는 것이 그 효과가 더 크다고 한다.

二

중상의 공명자를 만들 것

權謀術數

앞에 언급한 글은 누군지 알 수 없는 다수의 인간에 의하여 공명작용을 일으키는 방법이었으나, 이번에는 그와 달리 특정의 인간에 의한 공명작용을 일으키게 하는 기법을 말하겠다.

사람을 중상할 경우, 자기 혼자만이 말해서는 좀처럼 신용을 구하기가 힘들다. 그래서 자기의 의견으로서가 아니고 '그 누구, 누구가 이렇게 말하더라'는 식으로 사람을 중상하는 수법은 자주 사용되는 방법이다. 그것은 흔히 뻔히 들여다보이는 느낌을 주지만, 다른 사람에게 같은 중상을 하도록 권하든지 아니면 중상을 사실인 것처럼 뒷받침이 되는 증언을 하도록 만들면 더욱 효과적이다. 말하자면 서로가 호응해서 중상을 위한 자기편을 만들 필요가 있다.

사람이란 같은 것도 반복되면 어느새 믿어버리는 습관이 있으며, 같은 정보가 다른 회로를 통하여 전달되면 진실로 믿어버리기 쉽다.

강윤과 소해휼은 다같이 초왕을 받드는 중신이었으나 서로의 사이는 견원과도 같은 정적이었다. 특히 강윤은 사사건건 소해휼을 비난하고 그의 실정을 규탄하였다. 《전국책》이라는 책자에는 강윤의 끈질긴 정적에 대한 공격자료가 기록되어 있지만, 특히 주목을 끄는 것은 그가 소해휼 반대의 파벌을 만든 경위이다.

그는 산양군이라고 하는 인물을 자기편으로 끌어들이려고 눈독을 들였다. 이 인물은 소해휼과는 늘 반목을 하고 있는 것 같았다. 그래서 강윤은 소해휼이 반대하리라는 것을 넘겨짚고, 산양군의 승진을 왕에게 진언하였다. 현명한 임금 같으면 그 내막을 알고 어떻게 무마책을 썼으련만 평범한 임금이니 그걸 알 까닭이 없었다.

"좋아, 잘 보내 보게나."

하는 응답이 나왔다. 그러자 과연 소해휼이 방해를 했다.

"이렇다면 공로도 없는 산양군을 그렇게 중요한 자리에 앉힐 필요는 없다고 생각합니다."

이 경위를 들은 산양군은 자기를 천거해 준 강윤에게 감사하고 그것을 방해한 소해휼을 원망하게 된 것은 말할 나위도 없다.

과연 그후 산양군은 강윤과 서로 결탁하여 소해휼을 미워하게 되었다.

적을 협공하여 중상의 화살을 쏘아대기 시작하였다. 그 결과 일은 강윤의 계책대로 되어 갔다. 결국 소해휼은 그후 안팎으로부터 비난을 사서 재상자리를 물러나게 되었다.

문제는 소해휼이 자기에 대한 문제도 아닌 남의 일에까지 반대하다가 강윤의 함정에 빠지고 말았다는 점이다.

여기서 주의할 것은, 그가 강직하고 자신이 있는 인물일수록, 여러 간사한 인물들의 중상모략은 더 심하게 조작되고 또 그 피해를 입는 경우가 많다.

三

참말과 거짓말의 중상모략

權謀術數

인간의 심리는 이상한 것이다. 남과의 대화에서 상대가 첫말에 거짓말을 하면 다음 말도 모두 거짓으로 생각해 버린다. 그래서 누구나 첫인상이 중요하다고 생각하고, 그래서 선입관을 아주 고정시하는 경향이 농후하다. 한국 사회에서도 이 고정관념을 지나치게 고루하게 고집하는 습관에 빠져 있는 사람들이 많다.

이것을 거꾸로 이용하면 선전이나 개인의 인생을 강조하기 위해서 '초두효과'를 노리는 정보학·심리학이 발달하게 된다.

이 초두효과를 활용하여 처음에는 강렬하고, 진지한 말을 해서 인정을 받아 놓고, 다음에는 거짓 정보를 제공하는 수가 있다.

이 허와 실을 선후로 사용하여 남을 중상하면 상대는 처음의 진실을 믿고 나중의 허언도 진실로 생각하게 된다.

진나라의 재상 감무는 최근에 장군 공손연이 국왕과 자주 그리고 아주 친근하게 둘이 만나서 얘기하는 것을 눈치챘다. 재상인 자기를 빼놓고 임금이 공손연을 상대로 하는 것이 심히 못마땅했다.

그는 이렇게 가만히 있어서는 안되겠다고 무슨 궁리를 하려는 참인데 기가 막힌 정보가 들어왔다. 국왕이 재상을 경질하고 공손연을 천거한다는 소문이다.

임금이 공손연에게, "나는 곧 당신을 재상으로 할 것이오"라고 속삭인 것을, 감무의 부하가 도청을 한 것이니까 틀림없는 말이다.

그래서 감무는 생각에 잠겼다.

그는 지체하지 않고 임금에게 참배를 하고 축하의 말을 올렸다.

"임금께서는 훌륭한 재상을 얻었다고 하오니, 참으로 반가운 일이올시다."

임금은 움찔했다. 아니, "나의 비밀을 알았다는 말인가." 그는 시치미를 떼고,

"무슨 말이오. 나는 이 나라를 당신에게 맡기고 있지 않소. 그런데 다른 재상이 왜 필요하단 말이오."

하고 말했다. 감무는 그 자리에서 들은 대로 단도직입적으로 말했다.

"하오나, 임금께서는 공손연 장군을 재상으로 임명하신다고 들었습니다."

강력한 '초두효과'이다.

실상에 그 진실을 아는 사람은 왕을 빼놓고는 장군밖에 없을 것이다.

"귀하는 그것을 누구에게 들었소?"

그 말이 떨어지기를 기다리고 있었다. 여기서 단 한마디의 중상이면 족하다.

"글쎄올시다. 장군이 말하고 있었습니다만……."

임금이 '비밀을 누설한' 공손연에게 노여움을 품게 된 것은 말할 것도 없다. 이미 어떤 변명도 통할 까닭이 없다. 즉각 공손연 장군은 추방되고 말았다. 첫마디에서 사실을 들었으니 다음은 거짓말을 꾸며대도 사실로 믿어버린다.

이 이야기는 기원전 14세기에, 진나라의 명재상이 그의 정적을 중상하여 추방시키고 자기의 지위를 보전한 얘기이다.

중상에는 노상 거짓말이나, 진실만을 사용하지 않고 이것을 범벅으로 만들어 말하는 것이 기만술로서 효과를 더 하게 된다.

四

시기심을 역용하는 중상수법

權謀術數

장의는 이 책에서도 재삼 등장하는 전국시대의 거물이다. 이 장의의 중상으로 또한 거물이요 실력자인 저리자가 정치의 실각을 하고 한때 망명을 해야 했다. 저리자로 말하면 진왕의 이복 아우로서 장군이 되었다가 다시 재상에 되어, 진나라의 시황제가 천하를 통일하여 즉위하는 50년 전에 사망했지만 당시의 소문이, '힘이라면 황임비, 지혜라면 저리자'라고 불리운 인물이다.

장의는 본시 위나라 출신으로 여러 나라를 유세하다가 진왕을 농락하여 재상이 되었지만, 자주 싸움에 이기기도 하고, 지기도 하고 혹은 결탁도 하다가, 헤어지기를 되풀이하고 있었다. 마침 장의의 모략으로 초나라의 두 성이 진나라에 빼앗긴 사건이 있어서 양국간의 정세가 험악한 처지였기 때문에 저리자는 그것을 타개하기 위하여 파견되었다.

저리자가 진왕의 특사로서 초나라에 도착하자 뒤바뀌어 초왕의 특사가 진나라를 방문했다.

"우리 초왕께서는 저리자 어른의 인품에 감탄하셔서, 초나라의 재상으로 취임해 줄 것을 청원하고 계십니다. 굽어 허락해 주시기를 바랍니다."

말하자면 저리자를 달라는 것이다. 그 당시는 인물이 타국 공사가 자유롭게 행하여지고 있을 때였다. 심지어 한 인물이 수개 국의 재상을 겸하고 있는 예도 있다. 진왕에 대한 초왕의 이 요청은 하등 이상할 것이 없었으나, 그것은 장의가 꾸민 책동이었다.

즉 장의는 저리자를 초나라로 내보내는 한편, 비밀리에 초왕에게 공작하여 '저리자를 달라는 요청을 하도록' 권유한 것이다.

초왕으로부터 사자가 오자마자, 장의는 진왕에게 말하였다. 노리고 있던 중상의 기회가 온 것이다.

"저리자는 사자로서 초나라에 파견되었으면서도, 그 임무는 제쳐놓고 초왕에게 환심을 사려 하고 있다는 정보가 들어왔습니다. 초왕께서 그를 받아들이고 싶다는 청구가 오게 된 것은 그것을 입증합니다. 방심하고 있으면 우리 나라를 초나라에 팔아넘길지도 모르겠습니다."

진왕은 격노했다. 장의의 음모는 성공하여, 저리자는 진나라로 돌아오지 못하고 그대로 부득이 초나라에 망명하게 되었다.

장의는 내심 진왕의 저리자에 대한 경계심은 물론 계산에 넣고 있었다. 임금의 배다른 동생이라 국내외에서 평판이 좋으니, 전국시대의 일인즉 언제 자기의 왕위가 달아날지도 모른다. 시기심은 항상 권력 주변에 있기 마련이요 경쟁 의식은 불안을 조장한다.

이런 판국에 적국에서 '얻어 가겠다'고 요청을 했으니 무슨 수작이 있을 것 같기도 하다. 장의는 그 적절한 시기를 충분히 의식하고, 건조한 상태에 불을 지르니 왕은 영락없이 가슴에 불을 태워버렸다.

이 중상은 객관적 여건이 매우 성숙한 기회를 이용한 시기심의 중상이 성공한 예이다.

五

중상을 위한 대의명분

權謀術數

초나라의 강윤은 앞에서도 언급돼 있지만 음모와 술수에 능통한 사람이다.

다음에 강윤이 중상모략을 위해 미리 대의명분을 앞세워 놓고, 정정당당하게 중상에 성공하는 술수를 소개하겠다.

그는 동효의 중신이나 장군들을 중상하기 이전에 임금에게 미리 이런 얘기를 해놓았다.

"만약 누가 남의 일을 좋게 말하는 인물이 있으면, 임금께서는 어떻게 다루시겠습니까?"

"남을 칭찬하는 사람은 군자이니, 물론 가까이할 것이오."

"그럼, 남의 일을 나쁘게 말하는 인물이 있으면, 임금은 어떻게 대하시겠습니까?"

"남의 험구를 하는 자는 소인이니, 물론 멀리할 것이다."

그래서 강윤은 자기 독특한 논리를 전개한다.

"그렇다고 한다면 가령 임금에 대해서 좋지 않은 음모를 꾸미고 있는 역신이 있어도 임금께서는 언제나 알지 못하고 있다는 결과가 됩니다. 왜냐하면 임금은 남의 일을 나쁘게 얘기하는 인물을 피하신다고 하니, 그렇다면 역신의 모의를 들은 자가 있어도 아무도 그것을 임금에게 알리려고 하지 않을 것입니다."

"음 그렇군. 나도 이후로는 남의 험구를 하는 사람의 말도 듣기로 하겠소."

그래서 강윤은 좌우의 동료를 마구 정정당당하게 중상하기 시작했다.

남의 욕을 하는 것을 들으면 그것이 사실이라도 유쾌한 일은 아니다. 듣는 쪽에서는 중상을 하거나 험담을 하는 사람을 경원하게 되는 경우가 많다. 따라서 중상을 하는 사람의 입장에서는 여간 교묘하게 하지 않으면, 마음의 가책을 받기 쉽다. 그러나 중상을 하고도 죄책을 느끼지 않는 사람은 보통은 아니다. 강윤은 이러한 자기가 미움을 사거나, 자신이 위험한 처지에 떨어지고, 죄책감을 느낄 그러한 소지를 일소해버리는 대의명분을 미리 만들어서 마음 놓고 당당하게 중상하는 것이었다.

가령 중상이라고 하는 행위가 지니는 어두운 이미지가 문제가 안 되도록, 다른 차원으로 상대를 몰고 가는 방법이 이 경우이다. 어떤 큰 목적을 내세워 놓고 그것을 달성하기 위해서는 사소한 벌레는 죽여도 마땅하다는 마음을 일으키게 한다. 혹은 위기감이나, 자기의 처지를 뚫고 나가기 위해서 개인적인 감정을 버려야 한다는 분위기를 만드는 것도 적을 중상·비방하기 위한 명분을 앞세우는 술책이다.

六

험담을 하지 않는 중상술

權謀術數

중상은 결코 욕설이나 험담을 하는 것은 아니다.

이 수법을 쓰면 음모를 당한 사람으로부터 원망을 사지 않아도 된다. 뿐만 아니라 거꾸로 감사한 말도 듣는다.

한 예를 들면, 한 신하가 왕자의 한 사람과 사이가 벌어졌다. 이 왕자는 생모가 천한 출신이기 때문에 지위도 낮고 수레를 끄는 말도 여위어 있었다.

그래서 신하는 임금에게 청원을 했다.

"그 왕자님은 가난하고 말도 여위어 있습니다. 말 양식을 많이 늘여줄 수는 없습니까."

물론 임금은 허락하지 않았다.

신하는 밤이 되자, 마구간에다 불을 질렀다.

임금은 그 왕자의 소행이라고 단정하고 그를 벌했다.

이 경우 중상한 자는 상대의 험담을 하기는커녕 오히려 그 대우의 개선을 진정했다. 그리고는 궁지에 빠뜨린 것이다.

이 술책에는 두 가지의 위험이 있다. 한 가지는 미워하고 있는 상대를 위하여 유리한 발언을 한다는 것이 부자연스러운 인상을 주게 되면 이 술책은 실패라는 점이다. 또 한 가지는 방화이다. 이것은 발각되기 쉽다는 점이다.

이 이야기는 오직 중상모략의 한 유형을 제시한 것이지만 내용상의 구체적인 음미는 필요치 않다. 이러한 위험성을 고려해 넣고 실제로 시도한다면 그야말로 무서운 수법이다.

다음에 미운 상대, 즉 경쟁자를 추천함으로써 오히려 실각시킨 이야기를 소개하겠다.

기원전 156년, 한왕조의 왕후는 아들이 귀했기 때문에 여왕의 지위에서 폐위케 되었다. 여왕의 후임을 둘러싸고 후궁들 사이에는 화제가 끊이지 않았다.

그중에 맨 먼저 율희가 아들을 낳았다. 순서에 따라 이 장남이 태자가 되었다. 따라서 생모인 율희가 승격하여 왕비가 되어야 했다. 그러나 율희는 질투가 심한 여자로 후궁에서는 평판이 나빴다. 그 이야기는 경제의 귀에도 들어가 임금의 마음도 율희를 경원하게 되었다.

그런 내막을 눈치채지 못한 율희는 장남을 낳은 것을 기화로 점점 더 성미가 간악해졌다. 그때 마침 다른 후궁이 낳은 아들의 장래를 율희에게 의뢰했더니 성화를 냈다.

임금은 비위가 매우 상했으나 그렇다고 내쫓을 수도 없었다. 이 사정을 안 다른 후궁이 몰래 시종을 불러서 이렇게 사수했다.

"임금의 후궁이 오래 비어 있는 것은 온당치 못합니다. 차제에 태자의 어머니인 율희님을 황후의 자리에 앉히도록 임금님께 진언하면 어떻겠소."

왕부인은 경쟁자인 율희를 험담하기는커녕 그녀의 승격을 권하였다. 시종은 이 왕부인의 말에 갈등되었다. 시종은 왕후의 진언자로서 자기도 공을 세우려는 내심도 함께 작용하여 경제에게 곧 율희의 승격을 진언했다.

"태자의 모친인 율희를 다른 부인과 동격으로 두는 것은 아무래도 부자연합니다. 황후로 승격시킴이 좋을 줄 아뢰옵니다."

그 말을 듣자 불끈 화가 오른 임금은,

"그대가 관심할 일이 아닐세."

하고 화를 냈다.

싫어는 하지만 내쫓지는 않고 있던 여자를 승격시키라는 바람에 노여움이 폭발한 임금은, 당장에 그 시종을 하옥시키고 율희가 낳은 태자를 폐하고 말았다. 동시에 율희는 임금 앞에 나가지도 못하고 있다가 고민 끝에 죽고 말았다.

그후 왕부인이 승격하여 그녀가 낳은 아들이 말하자면 한제국의 이름을 떨친 무제가 된다.

왕부인은 역효과를 노린 것이다. 말할 것도 없이 율희를 왕비로 승격하도록 진언하면 임금의 노여움이 폭발하리라는 것을 계산하고 있었다.

이 경우 만약 왕부인이 율희의 험담을 했다면 사태는 역시 달리 변화했을지도 모른다.

권모술수

초판 1쇄 발행 | 2011년 1월 1일
2쇄 발행 | 2012년 7월 25일

옮긴이 | 송건호
펴낸곳 | 북팜
주소 | 서울 마포구 연남로 30
전화 | 02-337-0549
팩스 | 02-337-0546

ISBN 978-89-97959-00-6(04800) 세트
978-89-97959-08-2(04800)